De Ramp met de Pavon

ISBN 978-1-4717-6257-4

Omslag en vormgeving: Harrie van den Berg
Foto-omslag: Niek Rijniers
Taalcorrecties: Pascale Rongvaux
Website: www.aandachtvoorgeschiedenis.nl

De Ramp met de Pavon

Pieter van den Berg

Luchtwachter in actie. Bron: Gedenkboek voor de Vrijwillige Landstormkorpsen Luchtwachtdienst en Luchtafweerdienst, 1949

Woord vooraf

In ons gezin was tijdens het natafelen een regelmatig terugkerend onderwerp de vermissing van ome Jan, een broer van mijn moeder Marie van den Berg van Bussel (1917-2010). Kort na het begin van de Tweede Wereldoorlog (1940-1945) werd ome Jan met circa vijfentwintig Helmonders van de Vrijwillige Luchtwachtdienst in Duinkerken ingescheept op de Franse vrachtboot Pavon met de bedoeling om geëvacueerd te worden naar veiliger gebied. De vrachtboot, met 1500 Nederlandse soldaten aan boord, werd door Duitse jachtbommenwerpers gebombardeerd en daarbij kwamen vijftig soldaten, waaronder ome Jan en zes van zijn collega's, om het leven. Jean Baptist (Jan) van Bussel liet een zwangere vrouw en twee kleine kinderen achter.

Omdat moeder de precieze toedracht van het bombardement op de Pavon nooit heeft gekend, ben ik in 2010 begonnen met een speurtocht naar meer gedetailleerde informatie over wat er met ome Jan en zijn collega's van de Luchtwachtpost Helmond tijdens de eerste oorlogsweken in mei 1940 is gebeurd. Het resultaat van deze speurtocht is het boekje 'De ramp met de Pavon', een compilatie van boekfragmenten, dagboekaantekening van betrokkenen, onderzoeksrapporten en interviews met nabestaanden die gezamenlijk het verhaal vertellen van wat er zich in de nacht van 20 op 21 mei 1940 voor de Franse kust even boven Calais heeft afgespeeld. Voor de leesbaarheid zijn de verhalen in eigentijds Nederlands herschreven.

Mijn bijzondere dank, voor het beschikbaar stellen van archiefmateriaal, gaat uit naar:

Riek van de Berkmortel-Grinwis
Jan van Bussel
Rob Ermens
Hajo Groenman, Stichting De Greb
Henk van Lieshout
Heemkundekring H.N. Ouwerling, Deurne
Wim van de Pol
Cor Peters
Niek Rijniers
Wim Rijniers
Anita Thielen van Bussel

Het verhaal De ramp met de Pavon, dat visueel ondersteund wordt door de website www.aandachtvoorgeschiedenis.nl, is zonder winstoogmerk gemaakt.

Pieter van den Berg, Brunssum 2012

De vijf achterste personen van links naar rechts (beginnend bij de derde persoon van links): Piet van Rooij, Jan van Rooij, Wim Vermulst, Frans Janssen en Ben van Oirschot. De rij daarvoor van links naar rechts: Ruud van Oirschot +, G. Van de Sommen, Bert van Bree +, F. Boshouwers, Wim. Rijniers +, Hendrik Willems, Onbekend, Jan van Lieshout, Sjef van Laarhoven en Wim Jansen +. Vooraan zittend van links naar rechts: Onbekend, F. Morees en Jan van Veghel.

De Luchtwachtpost Helmond

Naar aanleiding van de Duitse oorlogszucht in Europa en de daardoor oplopende diplomatieke spanningen, besloot het Kabinet-De Geer II (1939-1940) op 28 augustus 1939 tot een complete mobilisatie van de Nederlandse strijdkrachten. De lichtingen 1924 tot en met 1939 werden opgeroepen, waardoor het Nederlandse leger op een sterkte van 280.000 man werd gebracht. De Nederlandse regering hoopte dat ons land, net als tijdens de Eerste Wereldoorlog, neutraal zou kunnen blijven. Koningin Wilhelmina sprak het volk via de radio als volgt toe: 'Landgenoten, de toestand is ernstig in dien zin dat helaas rekening moet worden gehouden met de mogelijkheid dat een conflict zal uitbreken. Mocht deze afschuwelijke mogelijkheid werkelijkheid worden, dan zal Nederland in dat conflict een strikte onzijdigheid in acht nemen en handhaven.'

Op 01 september 1939 viel Duitsland Polen binnen, waarna het Verenigd Koninkrijk en Frankrijk aan Duitsland de oorlog verklaarden. In het najaar van 1939 en de daaropvolgende 'mobilisatiewinter', een van de strengste winters uit de Nederlandse geschiedenis, bouwden de Nederlandse militairen aan de versterking van de meest strategische verdediginglinies van ons land. Op 06 februari 1940 werd generaal H.G. Winkelman (1876-1952) benoemd tot opperbevelhebber van de Nederlandse strijdkrachten. Zijn verdedigingsplan was gericht op de verdediging van Vesting Holland met de Grebbelinie, tussen het IJsselmeer en de rivier de Rijn, als voorpost. Voor de verdediging van Noord-Brabant vertrouwde hij op de tijdige hulp van de Franse troepen.

Voor de observatie van het Nederlandse luchtruim werd in 1921, naar Engels voorbeeld, het Vrijwillig Landstormkorps Luchtwachtdienst opgericht met als doel het signaleren en rapporteren van vijandige vliegtuigbewegingen boven Nederland. Dit doel werd gerealiseerd door verspreid over Nederland een netwerk van uitkijkposten op te richten die bemand werden door vrijwilligers die observaties deden vanaf kerktorens en platte daken van hoge gebouwen. In vredestijd leidde het VLK een sluimerend bestaan want er was geen aanleiding om het luchtruim continu te observeren. De plaatselijke posten, die bemand werden door middenstanders, onderwijzers en brood- en melkbezorgers, hadden het karakter van een gezelligheidsvereniging voor mannen van middelbare leeftijd die een paar keer per jaar op zaterdagmiddag oefenden en waarvoor de totale groep een rijksdaalder kreeg. De vrijwilligers tekenden een verbandakte met een opzegtermijn van één maand dat jaarlijks stilzwijgend werd verlengd. Een vergaand detail was dat in tijden van mobilisatie het contract niet kon worden opgezegd. Het VLK Luchtwachtdienst werd al vanaf 11 april 1939 gemobiliseerd, maar er was een nijpend tekort aan vrijwilligers. Daarom startte de Nederlandse Luchtmacht overal in het land met wervingsacties met als doel om alle luchtwachtposten bemand te krijgen.

Nederland telde elf luchtwachtgroepen: Amsterdam, Arnhem, Breda, Den Haag, Groningen, 's-Hertogenbosch, Leeuwarden, Rotterdam, Utrecht, Zutphen en Zwolle die het bevel voerden over de plaatselijke luchtwachtposten die binnen hun regio vielen. Er waren in totaal circa honderdvijftig luchtwachtposten. De Luchtwachtpost Helmond, die bemand werd door circa vijfentwintig vrijwilligers, viel onder het commando van de luchtwachtgroep 's-Hertogenbosch en stond onder leiding van reservekapitein Gudde. De luchtwachtgroep 's-Hertogenbosch telde veertien luchtwachtposten en een luchtwachtdetachement op het vliegveld Welschap. De luchtwachtposten waren gelegen in 's-Hertogenbosch, Boxtel, Eindhoven, Reuzel, Veghel, Helmond, Weert, Helden, Roermond, Echt, Sittard, Heerlen, Valkenburg en Maastricht.

Een van die vrijwilligers die zich kort voor de Duitse inval op 10 mei 1940 aanmeldde voor de Luchtwachtpost Helmond was Jean Baptist (Jan) van Bussel. Jan was getrouwd en had twee kinderen, maar wegens broederdienst was hij niet dienstplichtig. Op 30 april 1940 kreeg Jan een ondertekend exemplaar van de verbandakte thuisgestuurd met daarop de vermelding van de standplaats en de naam van de commandant. De reden waarom Jan zich voor de vrijwillige Luchtwachtdienst aangemeld heeft, is niet bekend, maar bij veel Nederlanders leefde in die dagen het gevoel een positieve bijdrage te willen leveren aan de verdediging van Nederland. Door lid te worden van de ongewapende Luchtwachtdienst kon Jan op een relatief veilige manier een bijdrage leveren aan de verdediging van stad en land.

Oorspronkelijk deden de luchtwachters dienst op kerk- en watertorens, hoge daken van fabrieken of andere gebouwen daar men van het idee uitging dat de hoogste opstellingsplaats ook de beste waarnemingspost was. Geleidelijk aan verbeterde de techniek en zocht men, mits men behoorlijk zicht had, steeds vaker naar geschikte observatieplaatsen op de begane grond. De eenvoudige wachtlokalen die men daar dan oprichtte, waren voor de luchtwachters heel wat gerieflijker en aangenamer dan de tochtige kerktorens en de winderige fabrieksdaken. De taak van de luchtwachters was, vooral tijdens de bijzonder koude mobilisatiewinter van 1939-1940, niet gemakkelijk. De ijzige wind sneed in het gezicht en de sneeuwjachten verblindde de ogen, maar als men na aflossing van de wacht in het verwarmde wachtlokaal kwam, was de ellende weer gauw vergeten. In Helmond hadden de uitkijkposten op de oude watertoren en de kerktoren van de Sint Lambertuskerk plaatsgemaakt voor het platte dak van de Openbare Lagere School aan de Zuid-Koninginnewal 32 waarbinnen een klein kantoortje ingericht was waar het warm was en dat met een spreekbuis in verbinding stond met het platte dak vanwaar men de luchtobservaties deed. Vrijwillig sergeant Wim Rijniers, in het dagelijks leven hoofdonderwijzer van de Openbare Lagere School, had de leiding over de Luchtwachtpost Helmond. Bron: Helmondse Courant, 1949.

Naast het Vrijwillig Landstormkorps Luchtwachtdienst was er bij de Nederlandse Luchtwacht een tweede vrijwilligerskorps actief: het Vrijwillig Landstormkorps Luchtafweerdienst dat als taak had het beletten van aanvallen van vijandige vliegtuigen op niet militaire objecten. Deze groepen werden in Nederland opgezet rondom grote industriële complexen en bestonden voor negentig procent uit vrijwilligers samengesteld uit het fabriekspersoneel en het kader van het bedrijf. De korpsen Luchtafweerdienst (die in dit verhaal verder buiten beschouwing worden gelaten) hadden de beschikking over een vuurmond met een diameter van twee centimeter.

Oorlog

Den Haag, vrijdag 10 mei 1940

Op vrijdag 10 mei 1940 om 03.55 uur overschreden Duitse troepen zonder enige oorlogsverklaring of waarschuwing vooraf, in het noorden, oosten en zuiden de Nederlandse grens waardoor Nederland definitief bij de Tweede Wereldoorlog betrokken raakte. De inval in Nederland maakte deel uit van het krijgsplan 'Fall Gelb', het grote offensief van Duitsland in West-Europa tegen Frankrijk en Groot-Brittannië. De Duitsers wilden voorkomen dat een Britse troepenmacht in Nederland vaste voet aan de grond zou kunnen krijgen en daarom moest ons land zo snel mogelijk en liefst met inzet van zo weinig mogelijk troepen, bezet worden. Bron: Nederlands Instituut voor Militaire Historie.

Peel-Raamstelling, vrijdag 10 mei 1940. De slag bij Mill

Voor de verdediging van Noord-Brabant waren De Peel-Raamstelling en de daarvoor liggende Maaslinie gebouwd met als doel om in geval van een onverwachte inval vanuit het oosten de vijand zolang mogelijk tegen te houden zodat de belangrijkste stellingen in het westen tijdig op sterkte konden worden gebracht. In mei 1940 echter bepaalde generaal Winkelman dat het zwaartepunt van de verdediging van Nederland bij de Vesting Holland en de Grebbelinie kwam te liggen en dat hij voor de verdediging van Noord-Brabant op tijdige hulp van de Franse troepen vertrouwde. De Peel-Raamstelling moest zolang mogelijk verdedigd worden om de troepen die in Midden-Brabant gelegerd waren de gelegenheid te geven zich naar de Vesting Holland en de Grebbelinie terug te trekken.

Toen Duitse soldaten op vrijdag 10 mei per trein de Peel-Raamstelling bij Mill passeerden, slaagde Nederlandse soldaten er in om de trein te laten ontsporen. Gedurende de hele dag vonden er heftige vuurgevechten plaats waarbij honderden slachtoffers vielen. Tegen de avond vielen Duitse bommenwerpers de stelling bij Mill aan gevolgd door een frontale aanval van Duitse grondtroepen, maar voor die tijd was de commandant van de Peel-Raamstelling kolonel Schmidt al tot de conclusie gekomen dat de doorbraak bij Mill definitief was en dat langer wachten met het terugtrekken van zijn troepen geen zin had. Kolonel Schmidt besloot om de Peeltroepen tot achter de Zuid-Willemsvaart terug te trekken, maar deze order drong niet tot alle posten door waardoor veel soldaten, onwetend over het laatste nieuws, in hun stellingen bleven. Een groot gedeelte van de Peel-Raamstelling is nooit bij gevechten betrokken geraakt en voor velen was het frustrerend te moeten terugtrekken zonder een schot te hebben gelost. Bron: Stichting Kennispunt mei 1940.

Peel-Raamstelling, Deurne, zaterdag 11 mei 1940

Aalmoezenier Lam: 'In de nacht van vrijdag op zaterdag kreeg ik het bevel om terug te trekken, maar eerst bezocht ik de ziekenhuizen in de omgeving waar gewonde militairen van de Peel-Raamstelling en de Maaslinie lagen. Aan meerdere soldaten heb ik toen de generale absolutie geven. Voordat ik vetrok, verzamelde ik in mijn eigen militaire tehuis in Deurne (PvdB: Villa De Romeijn in Deurne, hoofdkwartier van het 27e Regiment Infanterie Vak Bakel) zoveel mogelijk sigaretten. Ik had geen zin om ze achter te laten en ik heb er later veel mensen mee kunnen helpen. Bron: Nieuwsblad van het Zuiden, 1980.

Peel-Raamstelling, kazemat Ysselsteyn, vrijdag 10 mei 1940.

Soldaat Wim van Loenhout: 'Op vrijdagochtend, rond vier uur 's morgens hoorden we vliegtuiggeronk. De sergeant zei: 'Dat zijn de Duitsers', maar we lachten hem uit. De luitenant ging bij een nabij gelegen boerderij, waar een commandopost van het 27e regiment gevestigd was, informeren. Spoedig kwam hij terug met het bericht: 'De Duitsers zijn Nederland aan het bombarderen. Het is oorlog'. We werden allemaal doodsbleek. Wie had dat kunnen denken? Ik was als de dood voor Duitse parachutisten want er werd verteld dat die in Hollandse uniformen naar beneden kwamen. Vooral 's nachts in het donker was ik erg bang, maar overdag niet want dan was er voldoende zicht. Om elf uur gingen we onze kazemat in, maar door het kanongebulder deed ik die nacht geen oog dicht. De volgende dag werd er tijdens het wachtlopen nog gestoeid en grapjes gemaakt, maar dat was gauw voorbij toen het bericht kwam dat de Duitsers via de Maas ons land binnentrokken en dat de Maaslinie moest terugtrekken. Ik dacht: het ziet er slecht voor ons uit. Vannacht is het onze beurt.'

Tegen twaalf uur kwam er een nerveuze sergeant onze kazemat binnenlopen die opgewonden riep: 'De anderen gaan allemaal weg en ik moet hier bij jullie blijven want ze zijn de Peel aan het omsingelen'. Ik dacht: ik zal vannacht wel 'Van Wijlen' heten, want als ze onze kazemat in de gaten krijgen, schieten ze die zo aan gruzelementen. Die nacht gingen we naar de sergeant met het verzoek om terug te trekken want met ons vieren konden we de Peel toch niet blijven verdedigen. De sergeant huilde en zei: 'We zullen hier tot onze dood moeten blijven wachten'. Ik riep: 'Dat gaan we niet doen. We gaan de anderen achterna'. 'Nee', zei de sergeant, 'want dan zullen we door onze eigen mannen worden doodgeschoten'. 'Ik word liever door onze eigen jongens doodgeschoten, dan door de Duitsers', gaf ik als tegenargument. De anderen wilden ook weg, maar de sergeant wilde van niets weten. 'We zullen een witte vlag plaatsen en als de Duitsers komen, zullen we ons overgeven, zei hij. Ik antwoordde: 'Nee dat doe we niet. Ik sterf nog liever dan dat we morgen met onze hand omhoog 'Heil Hitler' staan te roepen'. 'Als ik met jullie meega, moet ik na de oorlog de gevangenis in omdat ik mijn post heb verlaten', zei de sergeant, 'Welnee!', riep iedereen tegelijkertijd, 'we hebben lang genoeg in onze kazemat gezeten en we willen niet meer terug'. 'Goed', zei de sergeant uiteindelijk, 'dan stoppen we de geweren en de munitie in één kazemat en die doen we op slot. We zullen wachten tot het licht wordt en dan gaan we de anderen achterna'. Bron: Dagboek Wim van Loenhout.

Grave, vrijdag 10 mei 1940

Bij Grave had de verdediging van de Peel-Raamstelling, die zich op de zuidoever van de Maas bevond, de beschikking over twee rivierkazematten van het type B met kanon en zware mitrailleur. Beiden waren aan de zuidzijde van de Maasbrug vlak aan het riviertje de Raam gebouwd. De kazemat, die aangeduid werd als 'Kazemat Zuid', lag in het verlengde van de brug. Deze was drie verdiepingen hoog en had zowel een kanon van vijf centimeter als een zware mitrailleur. De noordwestelijk hiervan gelegen 'Kazemat Noord' had dezelfde bewapening, maar was slechts twee verdiepingen hoog. De stellingen werden door het 11e Grensbataljon bezet, terwijl de Politietroepen, die ook verantwoordelijk waren voor de vernielingshandelingen, de rivierkazematten bemanden. De westelijker gelegen brug bij Ravenstein was even na vijf uur al de lucht in gegaan, maar bij Grave aarzelde de commandant. Hij zocht eerst naar verificatie omdat hij het vernietigingsbevel niet vertrouwde. Om half zeven kwam de bevestiging dat de brug moest worden opgeblazen en even later lagen er twee bogen in het water van de Maas. Bron: Stichting Kennispunt mei 1940.

Soldaat Jan van der Pol: 'Het was de tiende mei 1940, 's morgens om half vier, toen we tijdens het wachtlopen opgeschrikt werden door het geronk van vliegtuigen. Toen we met behulp van een kijker zagen dat er op zeer grote hoogte Duitse vliegtuigen overvlogen, werd het ons duidelijk dat onze neutraliteit was geschonden. Onmiddellijk kwam het hele brugdetachement Grave in actie en werd het bevel gegeven dat iedereen zich gevechtsklaar moest maken. We waren met ongeveer 35 soldaten voor de kazematten en 35 voor de stellingen. Rond vijf uur kregen we officieel bericht dat Duitsland Nederland binnengevallen was. Toen we om zes uur het bevel kregen om de Maasbrug te laten springen, liepen de spanningen hoog op. Bron: Dagboek Jan van der Pol.

Helmond, vrijdag 10 mei 1940

'Bij het horen van de eerste angstwekkende geluiden, die duidelijk maakten dat de oorlog ook voor Nederland een feit was, maakte een nerveuze spanning zich van de mensen meester. Men vroeg zich bevreesd af hoelang het nog zou duren voordat Helmond in het krijgsgewoel gestort zou worden. Binnen hoorde men het vreselijke nieuws van de inval over de radio, gevolgd door de proclamatie van de koningin. De stemming was zeer bedrukt. De spoorbrug was al opgeblazen en de brandweer rukte uit om de blokseinhuisjes in brand te steken. Vanaf de eerste avond moest er verduisterd worden en de stadsbewoners gingen een onrustige, bange nacht tegemoet. De bruggen over de Zuid-Willemsvaart, die dwars door de stad loopt, waren van springladingen voorzien en werden door soldaten bewaakt. Soms stonden ze dagen achtereen open, maar steeds kon de regelmatig uitgeroepen alarmtoestand worden opgeheven'. Bron: Helmond 1940-1945.

De aftocht naar Duinkerken

In de nacht van vrijdag op zaterdag trokken de Peeltroepen zich uit de Peel-Raamstelling terug met als eerste doel om achter de Zuid-Willemsvaart nieuwe stellingen te betrekken. Midden in de nacht trokken zij de plaatsen aan de westzijde van het kanaal binnen, maar het maken van kwartier verliep moeizaam. De officieren behielpen zich in het gemeentehuis terwijl de parochiehuizen voor de manschappen werden opengesteld. De mannen die daar geen plaats meer vonden, voorzagen zich op een of andere manier van een bos stro en sliepen waar zij enigszins beschut konden liggen. Overal werd haastig aan noodstellingen gewerkt. De Duitsers wisten bij Veghel zonder weerstand een kanaalovergang te forceren, waarna het bevel volgde om verder richting Tilburg terug te trekken. Bron: Priesters in het veldgrijs, 1945

Op zaterdag 11 mei, om vier uur 's ochtends, werden vanuit de richting Deurne kanonschoten gehoord. De Peel-Raamstelling was gevallen en de Nederlandse soldaten die teruggetrokken, stroomden twee uur later Helmond binnen. Aan de westelijke oever van de Zuid-Willemsvaart werden door enkele tientallen soldaten mitrailleursnesten gegraven en de bruggen over het kanaal werden om acht en negen uur in de ochtend opgeblazen met als doel de opmars van de Duitsers te stoppen. Door de explosies was er een enorme glasschade en de pannen kwamen van de daken. De indruk die de terugtrekkende legereenheden op de bewoners van de stad maakten, was erg verschillend. De een sprak van een goed moreel, de ander was van mening dat een desolater troep dan onze terugtrekkende jongens moeilijk denkbaar was en repte van een verslagen leger: lusteloos, slapeloos, hongerig. Men had in ieder geval met de jongens te doen want onderweg kregen ze van alles te eten en te drinken. Op meerdere plaatsen in de stad en ook voor ons huis, werden tafels met koffie en brood buiten gezet. Een herbergier verderop presenteerde een koele drank, een slager verdeelde een armdikke metworst. Gesterkt door de giften van de burgers betrokken onze soldaten nieuwe stellingen aan de westkant van het kanaal om de ongelijke strijd voort te zetten. Bron: Helmond 1940-1945.

Ysselsteyn, zaterdag 11 mei 1940

Soldaat Wim van Loenhout: 'Toen het licht was, keek ik eens boven de loopgraaf uit (PvdB: Peel-Raamstelling Ysselsteyn), maar ik zag niets anders dan verlaten stellingen. Ik ging weer terug naar binnen en zei: 'Mannen, kom mee. Het is licht', maar de sergeant, die de situatie nog niet vertrouwde, antwoordde: 'Ga eerst eens kijken in de boerderij (waar een commandopost gevestigd was) of daar nog iemand is'. Ik riep: 'Wie durft er mee?', maar niemand gaf antwoord, dus ging ik alleen. Op de commandopost was niemand meer en er was niets anders te zien dan omgevallen stoelen. Ik ging weer terug en zei: 'Kom mannen, er is niemand meer'. Toen kwamen ze schuw en angstig rondkijkend naar buiten. Eindelijk konden we weg. Op de grote weg voorbij Milheeze zagen we voor een verlaten barak militaire fietsen staan: 'Zullen we ieder een fiets nemen', zei een van ons? 'Nee', zei de sergeant. 'We kunnen veel beter te voet verder gaan. Dan kunnen we, wanneer dat nodig is, over het land en door de bossen lopen'. Onderweg vroegen we bij een boerderij waar de Hollandse soldaten die nacht naar toe waren gegaan. 'De soldaten van de Ripse bossen zijn naar Helmond vertrokken', zeiden ze, waarop onze sergeant antwoordde: 'Dan gaan wij daar ook naar toe'. We kregen bij die mensen nog goed te eten en te drinken en toen gingen we verder richting Bakel. Onderweg kwamen we voorbijgangers tegen die riepen: 'Jongens, loop niet te veel op de weg want in Gemert zijn vanuit Duitse vliegtuigen drie soldaten doodgeschoten. Toen we vliegtuigen hoorden, vlogen we vlug de bossen in. We bleven daarna onder de bomen lopen, maar we waren erg moe. Toe we een auto hoorden naderen, gingen midden op de weg staan en staken onze hand op. De chauffeur stopte en we vroegen of we met hem mee mochten rijden. 'Wel ja', zei hij, 'waar moeten jullie naar toe?' 'Naar Helmond', zeiden we. 'Daar moeten wij toevallig ook naar toe. Stap maar in'. We waren blij dat we niet meer hoefden te lopen. In Helmond stapten we uit en bedankten de bestuurder. We kregen nog een sigaartje en daarna liepen we te voet door Helmond en vroegen aan iedereen: 'Weet u waar de soldaten van het 27e regiment liggen?' 'Die liggen aan de overkant van het kanaal'. Via een smal bruggetje bereikten we de overkant van de Zuid-Willemsvaart, waarna we verder richting Mierlo-Hout liepen. Bij een groep Hollandse soldaten konden we ons wassen en scheren en kregen we wat te eten. Toen we opgefrist waren, kwam er een luitenant binnen die vroeg van welk regiment wij waren. 'Wij zijn van het 27e regiment', zei onze sergeant. 'Maar die liggen aan de andere kant van het kanaal', zei de luitenant. Toen we vlakbij de brug waren, hoorden we plots een enorme knal. De mensen renden naar binnen en een man riep zo hard hij kon: 'Gas! Gas!' Wij zetten vlug onze maskers op. Vrouwen en kinderen huilden en vroegen aan ons wat ze moesten doen, maar dat wisten wij ook niet. Een meisje riep: 'Ik ruik het al'. Toen kwam er een man op ons afgelopen die zei: 'Ze hebben de laatste brug de lucht in laten vliegen en de Duitsers zitten al in de Molenstraat'. Aan de andere kant van de straat stond een auto waarvan de chauffeur bij mensen binnen afscheid aan het nemen was. We belden aan en de soldaat zelf kwam aan de deur. 'De Duitsers zitten al in de Molenstraat', riepen we. 'Stap maar vlug in', zei hij, 'dan gaan we naar Eindhoven'. We gingen vlug achterin zitten tussen drie vaten benzine en een kist melk. De auto reed vlot over Mierlo-Hout, Geldrop naar Eindhoven, waar ons werd meegedeeld dat we verder naar Tilburg moesten. Bron: Dagboek Wim van Loenhout.

Deurne, zaterdag 11 mei 1940

Aalmoezenier Lam: 'Op mijn tocht door Brabant had ik de beschikking over een gevorderde auto met als privéchauffeur Ad Raaymakers. Het eerste doel van de terugtocht was Tilburg. 'Ik kreeg gelukkig voorrang omdat ik overal sigaretten kon uitdelen', zei hij lachend. Na Tilburg kreeg ik de opdracht om naar Walcheren in Zeeland te gaan. In de nacht reed ik van Breda naar Roosendaal. Het was een nare tocht want er mochten geen lichten aan. Je zag steeds opgloeiende sigaretten. Even voorbij Breda kwam ik de eerste Franse militairen tegen. Op zondagmorgen 12 mei reed ik in alle vroegte Roosendaal binnen, waar ik onderdak kreeg in een oude pastorie. Ik had het geluk dat ik de route Breda Roosendaal 's nachts kon afleggen, want de volgende dag was er geen doorkomen meer aan'. Bron: Nieuwsblad van het Zuiden, 1980.

's-Hertogenbosch, vrijdag 10 mei 1940.

Op vrijdag 10 mei 's morgens kon kapitein Gudde van de Luchtwachtgroep 's-Hertogenbosch geen verbinding meer met de meest oostelijk gelegen Luchtwachtposten krijgen. De posten Echt, Helden en Weert konden nog op tijd wegkomen en wisten met moeite 's-Hertogenbosch te bereiken. Met de vrijwilligers van deze posten werden in Oirschot en Hilvarenbeek nieuwe luchtwachtposten gevormd. Toen de volgende dag bleek dat de vijand zich te sterk opdrong, werd door het korpscommando in 's-Hertogenbosch opdracht gegeven om terug te vallen op Breda en indien nodig verder westwaarts te gaan en niet uit te wijken naar de Vesting Holland, zoals de oorspronkelijke instructie luidde. Bron: Gedenkboek Luchtwachtkorps, 1949.

Veel vrijwillige luchtwachters die zich destijds vanuit plichtsbesef en vaderlandsliefde voor de luchtwachtdienst hadden aangemeld, hebben mogelijk het gevaar onderschat wat er zou kunnen gebeuren als er daadwerkelijk een oorlog zou uitbreken. In tijden van mobilisatie en oorlog was het namelijk niet mogelijk om de verbandakte die de vrijwilligers van de Luchtwacht waren aangegaan te verbreken met als gevolg dat de luchtwachters, net als de dienstplichtige militairen, onder militair gezag stonden en orders moesten opvolgen. In plaats van in hun eigen woonplaats te kunnen blijven, kregen ook de vrijwilligers van Luchtwachtpost Helmond, in navolging van de militairen van de Peel-Raamstelling, op zaterdag 11 mei 1940 het bevel om zich voor het oprukkende Duitse front uit naar zuidwest Nederland terug te trekken. De luchtwachters kregen de opdracht om zich bij het bureau van de Luchtwachtgroep in Breda te melden.

Henk van Lieshout: 'Mijn vader Jan van Lieshout was vrijwilliger bij de luchtwachtpost

Helmond. Hij was broodbezorger en op vrijdag 10 mei heeft hij nog normaal brood bezorgd. 's Avonds meldde hij zich bij zijn post voor zijn luchtwachtdienst. Ik herinner me dat hij rond zaterdagochtend vier uur naar huis kwam om afscheid te nemen met de mededeling dat ze naar Breda moesten'. Bron: Henk van Lieshout, zoon van luchtwachter Jan van Lieshout, 2010.

Riek van de Berkmortel Grinwis: 'We woonden in de Wolfstraat en omdat vader door de crisis werkeloos was, werkte hij bij de werkverschaffing. Om wat bij te verdienen is hij toen bij de luchtwacht gegaan. Als meisje mocht ik wel eens met mijn vader mee naar de uitkijkpost op het dak van de Openbare school. Toen hij op zaterdagochtend vetrok, zei hij: 'We moeten ergens een ziekenhuis gaan bewaken en zijn over veertien dagen weer terug'. Bron: Riek van de Berkmortel Grinwis, dochter van luchtwachter Ties Grinwis, 2010.

Marie van Bussel: 'Mijn broer Jan kwam op zaterdagmorgen vroeg afscheid van de familie nemen. We zagen hem voor de eerste keer in zijn militaire pak waar hij erg trots op was. Hij moest vlug weg want ze zouden de bruggen over het kanaal gaan opblazen. Ons moeder heeft altijd gezegd dat Jan maar had moeten zeggen dat hij te laat was en dat hij niet meer over het kanaal had kunnen komen. Dan was er niets aan de hand geweest, maar onze Jan ging toch en kwam nooit meer terug'. Bron: Marie van Bussel, zus van luchtwachter Jan van Bussel, 2010.

Niek Rijniers: 'Op zaterdagmorgen 11 mei 1940 verzamelde zich bij ons huis aan de Willemstraat 6 in Helmond ongeveer twintig luchtwachters. De groep vertok rond half negen richting Breda in een vrachtauto van het transportbedrijf Noten met Huub Noten als chauffeur. Bron: Niek Rijniers, zoon van luchtwachter Wim Rijniers, 2010.

Luchtwachter Jan van Lieshout: 'We waren amper vijf minuten onderweg toen we vanwege laag overvliegende Duitse Stukas een korenveld indoken. Dat was ongeveer ter hoogte waar nu het ziekenhuis aan de President Rooseveltlaan staat. We stuitten in dat korenveld op een grote hoeveelheid sterke drank die daar door mensen verstopt was uit angst dat het door de Duitsers in beslag zou worden genomen'. Bron: Interview met luchtwachter Jan van Lieshout, 1985.

Op zaterdagmiddag trokken de vijandelijke troepen even na twaalf uur via de Molenstraat, de Bakelse Dijk en de Heistraat Helmond binnen. Hoewel er nog een kort vuurgevecht volgde met de aan de westzijde ingegraven troepen, die de aftocht van de overige soldaten moesten dekken, was de strijd snel in het voordeel van de Duitsers beslecht. De vernielde kanaalbruggen vormden voor hen nauwelijks een hindernis. Met behulp van twee gevorderde schepen en wat planken werd honderd meter verder noordwaarts een provisorische brug aangebracht zodat mannen en materieel konden worden overgezet. Enkele stadsbewoners, die zich te dicht in de buurt van de vechtende eenheden bevonden, kwamen om het leven. Bron: Helmond 1940-1945.

Soldaat Willem Peters: ‘De Duitse soldaten die zich bij de cacaofabriek aan de oostkant van het kanaal hadden opgesteld, werden door ons onder vuur genomen. Een deel van het gebouw stortte in waardoor enkele Duitse soldaten werden verpletterd. Door het Duitse overwicht moesten we ons haastig terugtrekken met als gevolg dat onze compagnie, die geen noemswaardige verliezen had geleden, verspreid raakte. Bij een klein riviertje moest ik mijn koffer en fiets achterlaten. Ten slotte kwamen we bij het Eindhovens kanaal dat we overstaken. Op een karretje van Zesveld konden we meerijden richting Geldrop en verder naar Eindhoven waar we zonder te stoppen doorreden richting Best en Tilburg. Bron: Pavonbundel 1. Notities van Willem Peters van het C58 Best.

Provinciale weg Tilburg/Breda, zaterdag 11 mei 1940

Van alle kanten stroomden de troepen uit de Peel naar Tilburg in het midden van de provincie waar iedereen op de weg naar Breda probeerde te komen. Een terugtocht kon men het nauwelijks meer noemen. Het leek wel op een vlucht. In korte tijd viel er geen verband meer in de troepen te herkennen. Geen enkele compagnie bevond zich meer bij zijn eigen regiment. Alle wapens liepen door elkaar. Tilburg zelf en de weg naar Breda zat volgepropt met vluchtende militairen die doorgestuurd werden naar het westen om daar in een geregeld verband te worden verenigd. Bron: Priesters in het veldgrijs, 1945

Op hetzelfde moment dat Duitse tanks op weg waren naar Dordrecht en Rotterdam trok het Franse zevende leger van generaal Giraud via België naar Nederland. Bij aankomst in Breda waren de belangrijkste Nederlandse troepen echter al teruggetrokken in de Vesting Holland waarna Giraud op zaterdagmiddag 11 mei zijn troepen splitste. Een deel trok naar Tilburg om daar op de voorhoede van de Negende Duitse Pantserdivisie te stuiten, maar door het volledige Duitse luchtoverwicht moesten de Fransen zich al vlug terugtrekken.

Soldaat Wim van Loenhout: ‘In Best was de weg door opgeblazen bomen versperd waardoor er een lange autocolonne ontstond. De bomen moesten eerst worden doorgezaagd en afgevoerd. Na twee uur oponthoud, ging de reis verder naar Tilburg waar bommen waren gevallen. Als eerste zagen we huilende mensen. Vrouwen klampten ons aan om te vragen of ze hun man of zoon hadden gezien. We waren nog geen vijf minuten in Tilburg of er kwamen drie vliegtuigen laag overgevlogen die ons met mitrailleurvuur bestookten. We schuilden even in een hotel en toen weer vlug verder naar Breda en mogelijk naar Holland werd er gezegd. We waren nog geen kilometer verder of er kwamen weer vliegtuigen over die ons onder vuur namen. We doken de bossen in om bescherming te zoeken, maar daar werd ook geschoten. We waren nergens meer veilig. Ze schoten ook op de auto's en vrachtauto's in de colonne. Het bleef maar duren. We hoorden gegil en gejammer en het hinniken van stervende paarden die de kanonnen en de keukenwagens trokken. Onze auto had twee lekke banden en een kapot geschoten watertank. We zochten een andere auto, maar de vliegtuigen bleven schieten. We hebben zeker drie uur zwetend van angst en biddend in de bossen gelegen. Toen we eindelijk verder konden, zagen we niets anders dan kapotte auto's en bossen die aan weerszijde van de weg in brand stonden. Er konden nog maar een paar auto's rijden. We gingen te voet verder zonder twee mannen van ons groepje van zes die we kwijtgeraakt waren. We liepen steeds door de bossen en onderweg moesten we nog een paar keer dekking voor vliegtuigen zoeken. Vlak voor Breda kregen we nog een lift die ons bij het station in Breda afzette. In een café aten we brood en dronken we een glas bier. Daarna gingen we naar een ziekenhuis waar we in de kelder opgevangen werden en waar we goed te eten en drinken kregen. Uiteindelijk vonden we in een vochtig hoekje van een propvolle schuilkelder van het stadhuis een slaapplaats. We waren oververmoeid en gespannen waardoor we slechts korte hazenslaapjes deden waaruit we steeds wakker schrokken.' Bron: Dagboek Wim van Loenhout.

Soldaat Jan van den Broek: 'Het bombarderen van de weg van Breda naar Tilburg begon op zaterdag 11 mei al heel vroeg in de ochtend omdat daar veel Franse troepen en pantsereenheden overtrokken, maar niet voor lang want tegen de avond moesten ze al weer terugtrekken. Als we geen wacht hadden, zaten we bij mensen in huis, maar zogauw we een vliegtuig hoorden, doken we de kelder in waar we soms met zes vrouwen en de nodige kleine kinderen bijeenzaten. Mijn zenuwen waren op het laatst niet meer opgewassen tegen de paniek van de burgers. Mijn kameraad en ik waren rond vier uur in de ochtend bij de brug aan het wachtlopen toen er een eskader Duitse vliegtuigen overkwam die de Franse troepen in de buurt van de brug in de gaten kreeg. Toen de vliegtuigen hun bommen afwierpen, zochten we net als de Fransen dekking op korte afstand van de brug. Op een gegeven moment maakte een Duits vliegtuig een scheervlucht op nog geen vijfentwintig meter boven de bomen waarop de Fransen met hun mitrailleurs op het vliegtuig begonnen te schieten. De schutter in het vliegtuig schoot terug waarbij meerdere kogels naast mij in een boom insloegen. Dit was de eerste keer dat ik aan de dood ontsnapte. Het terugtrekken van zowel onze eigen als de Franse troepen ging de hele nacht door. Bron: Dagboek Jan van den Broek.

Omdat de provinciale weg van Eindhoven via Tilburg naar Breda propvol zat met terugtrekkende troepen uit de Peel-Raamstelling hebben de Helmondse luchtwachters nog een poging ondernomen om via Waalwijk naar Breda te komen, maar dat was tevergeefs. Toen ze weer terug in Tilburg waren, hebben ze de vrachtauto van Huub Noten groen laten spuiten om minder op te vallen. Jan Rijniers: 'Ons moeder kreeg de rekening voor het overspuiten thuis gestuurd, maar die heeft ze teruggestuurd en daarna heeft ze er nooit meer iets van gehoord'. Bron: Interview met luchtwachter Jan van Lieshout, 1985.

Gilze-Rijen, zaterdag 11 mei 1940

In overeenstemming met de verstrekte instructies trok ook de Luchtwachtpost Eindhoven naar het westen terug. Het was een gevaarlijke tocht waarbij Duitse Stukas aanval op aanval deden. In de buurt van Gilze-Rijen kwam er een aanval waarbij de luchtwachters Verhoeven en Vester van de post Eindhoven om het leven kwamen. Bron: Gedenkboek Luchtwachtkorps, 1949.

Breda, zaterdag 11 mei 1940

Soldaat Jan van der Pol: 'Onze kazemat in Grave werd op zaterdagmorgen om zes uur door de Duitsers in brand geschoten. Wegens ontploffingsgevaar moesten we ons snel uit de voeten maken en onze gesneuvelde kameraden achterlaten. We sprongen over sloten en liepen dwars door de weilanden in de richting van Den Bosch met aan het hoofd luitenant Van der Willigen. Tijdens onze vlucht werden we voortdurend door de Duitsers onder vuur genomen, maar desondanks wisten we om drie uur 's middags Den Bosch te bereiken. Hier kregen we orders om naar Den Dungen te gaan om daar nieuwe stellingen te bezetten, maar ook daar moesten we gauw maken dat we wegkwamen. Toen we in Tilburg aankwamen, werd er verteld dat die stad gedeeltelijk gebombardeerd was, maar omdat het al donker was, hebben we daar niet veel van gezien. We trokken verder richting Breda. Onderweg kregen we nog een zwaar bombardement te verduren en werden we vanuit vliegtuigen met boordmitrailleurs bestookt. Bij deze beschietingen sneuvelden meerdere soldaten en paarden en ook ging er veel materieel verloren. Dat wij het er goed vanaf brachten hebben we te danken aan het feit dat we ongeveer een kilometer achter de troep aanliepen. We konden ons zo beter verdekt opstellen waardoor we niet zo gemakkelijk door de bemanning van de vliegtuigen werden opgemerkt. Het bombardement duurde zowat een uur waarna we weer verder richting Breda liepen. Daar kwamen we ongeveer om twee uur 's nacht aan. We hadden ongeveer twee uur bij een boer op wat stro geslapen toen we wakker schrokken van neervallende bommen en het vuren van vliegtuigen. We sprongen uit bed en terwijl we met de bewoners van het huis stonden te praten, werd er een gat in het dak en in het fornuis geschoten'. Bron: Dagboek Jan van der Pol.

Breda, zondag 12 mei 1940, Eerste Pinksterdag.

Op zaterdagavond 11 mei kwamen bij het bureau van de Luchtwachtgroep in Breda steeds meer luchtwachters aan waardoor uiteindelijk een belangrijk deel van de Brabantse en Limburgse luchtwachtgroepen, aangevuld met de posten Oss en Utrecht, in Breda verzameld was. Uit angst dat Breda tussen twee vuren in zou komen te liggen en dat er veel burgerslachtoffers zouden kunnen vallen, beval burgemeester Slobbe op zondag 12 mei de volledige evacuatie van de burgerbevolking van Breda. Omdat de wegen niet berekend waren op een uittocht van 50.000 personen werd de bevolking in twee richtingen geëvacueerd. Een groep van ongeveer 25.000 mensen vertrok te voet richting de nabijgelegen dorpen Zundert en Achtmaal en de andere groep vertok via Hoogstraten naar Antwerpen. Door deze evacuatie raakten de wegen ten zuiden van Breda nog erger verstopt dan ze vanwege de oprukkende Franse troepen en de terugtrekkende Nederlandse militairen al waren.

Op zondagochtend verlieten de luchtwachters Breda met als bestemming Roosendaal. Aangezien het op de weg naar Roosendaal een chaos van gaande en terugkerende troepen was en de berichten luidden dat Roosendaal niet te bereiken was, keerde de groep terug. Onderweg vernamen ze dat Bergen op Zoom de nieuwe bestemming was. Via Rijsbergen, Zundert, Wuustwezel (B), Nispen kwam de groep in Huijbergen terecht. Bron: Stafwerk, de verdediging van Noord-Limburg en Noord-Brabant, mei 1940.

Zundert, zondag 12 mei 1940

Luchtwachter Jan van Lieshout: 'In Zundert zijn we nog in een nonnenklooster (PvdB: Klooster Sint Anna aan de Molenstraat) geweest. Het klooster werd voortdurend door Duitse vliegtuigen beschoten. Er vloog een schuur in brand en toen kwam de brandweer met een pompje. Ja, daar heb ik wel even in het nauw gezeten. Potverdorie, wat werd er toen geschoten. Toen we vertrokken, kregen we allemaal een levenspakket mee. Die nonnen waren blij dat we wegwaren. We hadden ook nog bijna burgerkleding gekregen, maar een broer van commissaris Loves uit Helmond, die velwachter in Zundert was, stond naast de burgemeester en zei: 'Burgemeester denk eraan wat je doet'. Toen durfde de burgemeester geen burgerkleding aan ons te geven anders hadden we zo terug kunnen gaan. Ze hebben altijd gezegd dat wij als vrijwillige luchtwachters geen militairgoed aan zouden krijgen, maar al voor de mobilisatie kwamen ze met militaire kleding aanzetten. Ze hebben ons altijd iets wijs gemaakt en daar zijn we ingetrapt.' Bron: Interview met luchtwachter Jan van Lieshout, 1985.

Enkele weken later kreeg mevrouw Rijniers, de vrouw van groepscommandant Wim Rijniers van de luchtwachtpost Helmond, een kaart van Wim uit Zundert met daarop de tekst: 'Met ons alles goed. Vanavond gaat de reis verder. Zo spoedig mogelijk krijg je meer nieuws. In gedachten altijd bij jullie. Vele groeten Wim'. Het was het laatste levensteken van Wim Rijniers.

Luchtwachter Jan van Lieshout: 'De vrachtauto van Huub Noten moesten we in Zundert achterlaten omdat hij door een beschieting onklaar was geraakt. We zijn te voet verder gegaan en hoe we eigenlijk gelopen hebben, weet ik niet'. Bron: Interview met luchtwachter Jan van Lieshout, 1985.

Soldaat Jan van der Pol: 'Even voorbij Breda kregen we van een Hollandse kapitein te horen dat we niet meer in Roosendaal konden komen. We kregen orders om naar Antwerpen te gaan en dus gingen we verder richting België. Het geluk was niet met ons want in Zundert kregen we weer een bombardement te verduren. We konden terecht in de schuilkelder van een klooster waar we ook wat te eten kregen. Het was zondag 12 mei 1940, Eerste Pinksterdag. Na dat bombardement trokken we België binnen waar we goed onthaald werden door de burgers en ook door de Belgische soldaten die vol spanning zaten te wachten op de dingen die komen gingen. Nauwelijks waren we de Belgische grens over of we kregen de sporen van de oorlog opnieuw te zien toen we verbrande en met kogelgaten doorboorde auto's en autobussen zagen staan. Het waren gebombardeerde voertuigen waarmee Franse troepen werden aangevoerd. Het was een verschrikkelijke aanblik toen we een uitgebrande bus met verkoolde lijken van Franse soldaten zagen staan. Bron: Dagboek Jan van der Pol.

Huijbergen, zondag 12 mei 1940

In een gastvrij klooster in Huijbergen (PvdB: Broeders van Huijbergen, kostschool Ste Marie) verzamelden zich vele officieren waaronder de kapitein-adjudant van vak Erp met enige luitenants en vaandrigs. De omgeving werd door Duitse vliegtuigen gebombardeerd. In onderling overleg werd besloten naar Zeeuws-Vlaanderen te gaan en wel naar Zaamslag omdat een der Vaandrigs daar bekend was. Toen de groep tegen het vallen van de avond wilde vertrekken, kwamen er berichten over neergedaalde Duitse parachutisten binnen waarna de tocht naar Antwerpen met de revolver in de hand werd voortgezet. Na moeilijkheden met Belgische militairen werd op aanwijzingen de Luchtbalkazerne te Antwerpen bereikt waarna nog op de 12e mei via Sint Niklaas en Hulst naar Zaamslag werd getrokken. Bron: Stafwerk, de verdediging van Noord-Limburg en Noord-Brabant, mei 1940.

Antwerpen, zondag 12 mei 1940

Toen op zondag 12 mei bleek dat de verbindingen met Holland verbroken waren en ingezien werd dat de toestand in Brabant onhoudbaar was, viel het besluit om naar Zeeuws-Vlaanderen te gaan. Het werd een nachtelijke tocht via Antwerpen naar Zaamslag. Eerst was er nog sprake van dat de luchtwachters naar Walcheren zouden oversteken, maar dat werd al spoedig overbodig. Bron: Gedenkboek Luchtwachtkorps, 1949

Soldaat Jan van der Pol: 'Rond zes uur 's avonds kwamen we in Antwerpen aan waar we ons bij een grote kazerne (PvdB: Luchtbalkazerne, Antwerpen) moesten melden en waar we zouden overnachten. Er waren daar nog veel meer Hollandse soldaten, maar we waren nauwelijks binnen of er werd luchtalarm gegeven. Er vlogen vliegtuigen over de kazerne en men was bang voor een bombardement en dat kwam er 's nachts ook, maar toen waren wij al vertrokken. We gingen de Schelde onderdoor en via Sint Niklaas trokken we naar Zeeuws-Vlaanderen. Onze bestemming was Hulst waar we op maandag 13 mei 's morgens om vier uur aankwamen. Het was Tweede Pinksterdag. We vonden onderdak bij de directeur van de gasfabriek waar we volop te eten kregen en in een heerlijk bed konden slapen. Bron: Dagboek Jan van der Pol.

Zaamslag, maandag 13 mei 1940

In Zaamslag, waar de Helmondse luchtwachters op maandag 13 mei aankwamen, werd de Luchtwachtpost Zaamslag opgericht. Er werd geëxerceerd, patrouille- en wachtdiensten gelopen, theoretisch onderricht gegeven in de rangen van het Belgische en Franse leger en er werden jachtgeweren en revolvers verstrekt. Het verblijf in Zaamslag duurde tot vrijdag 17 mei 1940. Bron: Stafwerk, de verdediging van Noord-Limburg en Noord-Brabant, mei 1940.

Luchtwachter Jan van Lieshout: 'In Zaamslag kregen we revolvers. Allemaal van die grote Franse dingen. Willem Rijniers had er een die veel kleiner was en die heeft hij nooit afgegeven. 'Die moet ik bewaren', had hij gezegd'. Bron: Interview met luchtwachter Jan van Lieshout, 1985.

Henk van Lieshout: 'Mijn vader Jan, Willem Vermulst en Jan van Veghel zijn na de oorlog bevriend gebleven. Na het kaarten werd er altijd wel een anekdote verteld over hun tijd bij de luchtwachtdienst. Ze hadden het grootste plezier als ze het verhaal vertelden hoe ze in Zaamslag plotseling oog in oog met Franse militairen kwamen te staan: 'In Zaamslag waar we een paar dagen verbleven, sprongen we tijdens een patrouille over een heg waarachter Franse militairen lagen, maar dat wisten we niet. Met het geweer in de aanslag werden we gesommeerd om ons uit de voeten te maken'. Bron: gesprek met Henk van Lieshout, 2010.

Breda/Turnhout/Antwerpen, zondag 12 mei 1940

Soldaat Wim van Loenhout: 'De volgende morgen gingen we door het Mastbos te voet verder naar Ulvenhout. Van burgers kregen we te eten en te drinken en zij wezen ons, dwars door de bossen, de weg naar België. Onderweg sloten we ons aan bij een groep van zeker honderd soldaten onder leiding van twee luitenants en een kapitein. We moesten meehelpen om de auto's met takken te camoufleren. We reden daarna alsmaar over zandwegen omdat de hoofdwegen versperd waren. Na een uur of vier hielden we halt en kregen we het bevel om zover mogelijk de bossen in te kruipen en te gaan slapen want de meesten hadden al een paar dagen nauwelijks een oog dicht gedaan. Ik kroop onder een deken die ik onderweg op de kop had kunnen tikken en ondanks dat het vochtig en kil was, sliep ik vlug in. Na een paar uur ging de reis met horten en stoten verder. We moesten steeds stoppen en ons verschuilen voor overscherende vliegtuigen. Onze auto reed in een sloot en viel op zijn kant waardoor we allemaal door elkaar werden geschud. Iedereen moest meehelpen om de auto weer recht te zetten. In België was er veel ravage aangericht. Ik heb nog nooit zoveel kapotte ramen en diepe kuilen in de wegen gezien. Burgers boden ons snoep en sigaretten aan. In Turnhout werden we nog aangehouden en gecontroleerd door Belgische officieren, maar we konden onze reis naar Antwerpen voortzetten. Bron: Dagboek Wim van Loenhout.

Ondertussen op andere plaatsen in Nederland

Grebbelinie, maandag 13 mei 1940

Op 12 mei bereikten Duitse troepen de Moerdijk en drongen vervolgens de Vesting Holland binnen. De stellingen bij Korworderzand bij de Afsluitdijk werden op 13 mei met grote hardnekkigheid verdedigd, maar Duitse eenheden drongen daar niet verder aan omdat dat gebied onbelangrijk was voor hun opmars. Veel belangrijker was de aanval op de Grebbelinie waarvan op 11 mei de voorposten werden veroverd. Op 12 mei drongen ze door in het centrum van de Grebbelinie die de dag erna werd doorbroken. Vervolgens trokken de Nederlandse troepen zich terug achter de Waterlinie. Tijdens deze dagen schakelde de Luftwaffe praktisch het gehele Nederlandse luchtwapen uit. Bron: Nederlands Instituut voor Militaire Historie.

Hoek van Holland, maandag 13 mei 1940

In de nacht van 12 op 13 mei werd het prinselijk paar en de prinsessen Beatrix en Irene vanuit IJmuiden naar Londen geëvacueerd. Een dag later vertrokken vanuit Hoek van Holland een tweetal Britse jagers, HMS Hereward en Windsor met aan boord koningin Wilhelmina en het grootste deel van het kabinet. Vanuit Londen zouden zij leiding geven aan het verzet tegen de Duitse inval en de daaropvolgende bezetting. Bron: Nederlands Instituut voor Militaire Historie.

Rotterdam, dinsdag 14 mei 1940

Op dinsdag 14 mei werd Rotterdam door de Duitsers gebombardeerd waarbij 800 slachtoffers vielen en 80.000 mensen dakloos werden. Het hart van de stad werd volledig verwoest. Naar aanleiding van het bombardement op Rotterdam besloot het opperbevel van de Nederlandse strijdkrachten tot overgave. Generaal Winkelman maakte de capitulatie van Nederland op 14 mei om 19.00 uur via de radio bekend. Tijdens de strijd in de meidagen van 1940 kwamen 2.200 militairen om het leven en raakten er 2.700 gewond. Het aantal omgekomen burgers bedroeg 2000. Bron: Nederlands Instituut voor Militaire Historie.

Rijsoord, woensdag 15 mei 1940

Op woensdagmorgen 15 mei 1940 werd in de christelijke lagere school van Rijsoord, een dorpje tussen Rotterdam en Dordrecht, de capitulatieovereenkomst getekend door de Nederlandse generaal Henri Winkelman en de Duitse generaal George von Küchler van het Duitse 18e leger. Na de capitulatie werd het Nederlandse leger ontbonden. Winkelman wist de provincie Zeeland buiten de capitulatie te houden omdat de daar aanwezige Nederlandse troepen in het gezelschap van Franse troepen verkeerden. De Nederlandse Commandant in Zeeland Schout-bij-nacht Van der Stad liet op 15 mei een dagorder uitgaan met de mededeling dat de verdediging van Zeeland tot het uiterste moest worden voortgezet. Bron: Nederlands Instituut voor Militaire Historie.

Vervolg van de aftocht naar Duinkerken

Sluis, vrijdag 17 mei 1940

Schout-bij-nacht Van der Stad wilde in Zeeuws-Vlaanderen nieuwe regimenten vormen uit de nog niet gedemoraliseerde legeronderdelen die zich in Zeeuws-Vlaanderen, het laatste stukje vrij Nederlands grondgebied, bevonden. De rest zou hij zo snel mogelijk naar Frankrijk leiden. De Franse generaals, met wie Van der Stad in Nederland samenwerkte, gingen met dit plan akkoord. Van der Stad zou, zodra hij in Zeeuws-Vlaanderen gemist kon worden, naar Duinkerken gaan om daar met de Franse legerleiding definitieve afspraken te maken. Bron: Priesters in het veldgrijs, 1945.

Soldaat Wim Van Loenhout: 'In Antwerpen zat het vol met Hollandse soldaten, maar verder ging het leven nog zijn gewone gangetje. We werden goed onthaald door de Belgen en kregen brood en wijn. Na twee uurtjes rust, gingen we via een tunnel onder de Schelde door richting Sint-Niklaas met als bestemming Hulst in Zeeuws-Vlaanderen. De volgende dag werden we ingekwartierd bij de weduwe Borms in Sint Jansteen waar we drie dagen bleven. De kapitein probeerde via Walsoorden bij Kloosterzande de Westerschelde over te steken om zo verder te kunnen trekken naar de Vesting Holland, maar hij kreeg geen toestemming omdat er overal mijnen zouden liggen. In Terneuzen probeerden we het opnieuw, maar daar werden we ook tegengehouden. Onze kapitein wilde met alle geweld naar Holland en daarom gingen we met de auto via IJzendijke naar Breskens, maar daar kwamen we dezelfde grootmajoor tegen die ons in Terneuzen ook al had tegengehouden. Onze kapitein moest op het bureau van de grootmajoor blijven terwijl wij met twee luitenants naar Cadzand werden gestuurd waar we ingekwartierd werden in een café bij een weduwe en haar dochter die goed voor ons zorgden. In het café hoorden we op de radio dat Nederland, behalve Zeeland, had gecapituleerd. We konden het niet geloven en dachten dat het valse berichten waren'. Bron: Dagboek Wim van Loenhout.

Walcheren, dinsdag 14 mei 1940

Aalmoezenier Lam: 'Op 14 mei, de dag van de capitulatie, werd besloten dat Zeeland door zou blijven vechten. Mannen die nog wapens hadden, zouden de Duitsers opwachten terwijl de anderen via Zeeuws-Vlaanderen naar België en verder naar Frankrijk zouden terugtrekken. Omdat er op Zeeuws-Vlaanderen geen aalmoezenier was, stak ik met een klein bootje de Schelde over, maar mijn chauffeur moest ik achterlaten'. Bron: Nieuwsblad van het Zuiden, 1980.

Sluis, Retranchement, vrijdag 17 mei 1940

In opdracht van Schout-bij-nacht Van der Stad vertrok de groep luchtwachters in Zaamslag in de vroege morgen van 17 mei naar Sluis waar nieuwe orders zouden werden verstrekt. Koninklijke Hoogheid Prins Bernard was in Sluis en begroette de officieren terwijl hij belangstellend naar het wedervaren van de luchtwachters informeerde. Bron: Gedenkboek Luchtwachtdienst

Luchtwachter Jan van Lieshout: 'Toen kwamen we even boven Sluis in dat dorpje met die Franse naam Retranchement terecht waar ik samen met Bertje van Bree pannenkoeken heb gebakken. Toen iedereen voorzien was, zeiden ze dat we moesten vertrekken omdat de Duitsers er aankwamen, maar wij hadden nog niets gehad. We waren de laatste twee die vetrokken want we moesten eerst onze pannenkoeken opeten'. Bron: Interview met luchtwachter Jan van Lieshout, 1985.

Aalmoezenier Lam: 'Op 18 mei maakte ik in Sluis voor de eerste keer kennis met de luchtwachters. Ze lagen gehurkt tegen de Kanaaldijk te wachten op nieuwe orders'. Bron: Gedenkboek Luchtwachtdienst, 1949.

Belgische kust, 18 en 19 mei 1940

In Sluis kregen de militairen en de luchtwachters het bevel om naar het plaatsje De Panne in België bij de Franse grens te trekken. De tocht ging via Brugge, Oostende en Nieuwpoort naar De Panne. De chaos onderweg was onbeschrijfelijk. Er was in De

Panne geen enkele bevoegde autoriteit te vinden en de daar aangespoelde Nederlandse officieren moesten maar zien dat zij aanwijzingen kregen. Bron: Gedenkboek Luchtwachtdienst,1949.

Op zijn tocht naar Duinkerken zag Van der Stad dat er veel Nederlandse militairen in België en Frankrijk waren. De eersten die de Brabantse grens overgestoken waren, hadden Frankrijk al bereikt en zaten in de grote Franse havenplaatsen van Bretagne vanwaar ze naar Engeland zouden oversteken. De meesten bleven echter in Duinkerken, De Panne, Oostende, Blankenberge of Nieuwpoort steken, hopend dat zij vanuit die plaatsen naar Engeland konden varen. Onder deze troepen heerste grote verwarring. Iedereen werd opgezweept of verlamd door geruchten. Iedereen trok op zijn eigen houtje voort of legde het bijltje erbij neer en sloeg zijn tenten op in een of ander Belgisch dorpje wachtend op wat er ging gebeuren. Onder die omstandigheden gaf commandant Van der Stad het bevel alle ongeregelde troepen zo snel mogelijk op een punt samen te trekken in Duinkerken waar al tweeduizend Nederlandse militairen in de Jean-Bartkazerne bijeenlagen. Dit bevel kon slechts gedeeltelijk worden uitgevoerd. Talrijke groepen bleven toch nog in de kleine plaatsen rondom Duinkerken hangen. Bovendien bleken de moeilijkheden met een concentratie in Duinkerken niet opgelost. Op de Belgische wegen was het een grote chaos. Overal raakten de militairen vast in mensenkaravanen, autofiles, vluchtende legergroepen en stedelingen. De plaatsen waar zij doortrokken waren zo goed als verlaten of de bevolking stond op het punt ze te verlaten. Ze werden ondergebracht in kazernes waar geen eten en geen stro meer te vinden was en waar alleen nog britsen stonden. Daar moesten zij zich mee behelpen. Niemand accepteerde nog vreemd geld. Wat was de gulden immers nog waard nu de Duitsers Nederland bezet hadden en België misschien voor jaren aan de andere kant van de frontlinie zou komen te liggen, afgesneden van Nederland? De Nederlanders konden met hun guldens niet of nauwelijks meer terecht in België en ze moesten maar zien hoe zij zich in veiligheid brachten. Dat moesten de Belgen ook. De Belgische en vooral de Franse legerleiding namen een nog minder hartelijke houding aan. Zij vertrouwden de Nederlanders niet en zij gaven hen te verstaan dat ze hen liever kwijt dan rijk waren. Nederland had in de dagen voor het uitbreken van de oorlog haar neutraliteit zo angstvallig gehandhaafd dat er van een aaneengesloten westelijk front geen sprake kon zijn. De Duitse troepen konden gebruik maken van de openingen tussen de Nederlandse en Belgische grensversterkingen om achter beide linies te komen en de beide fronten op te rollen. Door hun al te grote ijver waren aanvankelijk zelfs de versperringen aan de Belgische grens door de Nederlanders gesloten waardoor de Fransen ons land via Brabant nauwelijks binnen konden trekken. Was het een wonder dat zij de Nederlanders 'les Boches du Nord ofwel 'de moffen van het noorden' noemden? Bovendien stichtten de Nederlandse uniformen verwarring. In Zeeland had men al rekening moeten houden met het feit dat de Fransen de Nederlandse soldaten uit de verte voor Duitsers aanzagen.

Hier in België gold dit bezwaar nog veel sterker want men verwachtte hier Duitsers en geen Nederlanders. Men wist dat de Nederlandse troepen gedemoraliseerd waren en dat er niets mee aan te vangen was. De Belgische en Franse officieren stonden voor een onoplosbaar probleem. Bron: Priesters in het veldgrijs, 1945.

Aalmoezenier Lam: 'In Sluis hoorde ik dat er aan de kust bij De Panne in België een chaotische toestand was ontstaan. Ik had ondertussen mijn chauffeur Raaymakers weer ontmoet en samen met hem ben ik naar De Panne gereden. Het was er hopeloos. Er waren evacues uit Antwerpen die, samen met terugtrekkende troepen, de wegen verstopten. Ik bleef in de auto slapen omdat er nergens meer plaats was. Ik had me bij een groep aangesloten, maar bij de Franse grens mochten we niet verder. In mijn militaire zakboekje stond het woord 'Generale staf' en daarvoor gingen de Fransen door hun knieën. Ik mocht met de hele groep de grens over'. Bron: Nieuwsblad van het Zuiden, 1980.

In De Panne troffen de Helmondse Luchtwachters een groep collega Luchtwachters uit Alphen die hun intrek in het leegstaande pension Villa Donny hadden genomen. De Helmondse Luchtwachters bleven niet overnachten in Villa Donny maar trokken verder naar de Franse havenstad Duinkerken waar ze zich op zondagavond 19 mei bij de Jean-Bartkazerne meldden. De Alphense luchtwachters zouden de volgende dag ook naar Duinkerken gaan, maar dat ging niet door omdat die dag de grens gesloten bleef. Zo bleef de Alphense Luchtwachters een ramp bespaard. Bron: Met zijn alle op de fiets tegen Hitler.

Soldaat Jan van der Pol: 'Het was 18 mei 1940 toen we 's avonds laat in De Panne aankwamen. Hier begon de ellende pas goed vooral omdat we niet meer aan eten konden komen. We zouden nog dezelfde avond naar Duinkerken in Frankrijk vertrekken, maar omdat het aan de Franse grens veel te druk was, moesten we in De Panne overnachten. We hebben wat geslapen in de bossen en 's morgens ging het verder naar Duinkerken waar we na een lange vermoeiende voetreis van twee dagen aankwamen'. Bron: Dagboek Jan van der Pol.

Soldaat Wim Van Loenhout: 'Bij een fietsenmaker in Cadzand vorderden we drie fietsen en een tandem. Loffers en ik gingen op de tandem richting Zuidzande. Daar konden we ons weer aansluiten bij andere soldaten die in een boerenhoeve lagen. Hier hebben we ook weer drie dagen gelegen. We konden niets anders doen dan wat rondhangen, liggen, eten en piekeren. De andere avond kwam er een auto met officieren en die gaven het bevel om onze wapens en het leerwerk in te leveren. Wij deden alles af en stapelden het op een hoop. Een uur later kwamen er vijf auto's die ons meenamen en zo gingen we in het donker via IJzendijke en Sluis naar Knokke in België. Vandaaruit gingen we in een ruk door naar Brugge. Daar moesten we uitstappen want de auto's moesten weer terug. Ze zeiden dat er de volgende dag Belgische auto's zouden komen om ons naar Frankrijk te brengen. We sliepen in het natte gras en de volgende dag waren we stijf van de kou. Er kwamen geen auto's en daarom besloot de kapitein alvast te gaan lopen, maar we bleven lopen tot we via Oostende en Nieuwpoort in Koksijde aankwamen. Vanaf Koksijde konden we pas weer verder in een auto naar De Panne waar we hebben geslapen. De volgende dag reden we verder naar Duinkerken in Frankrijk waar we eerst in een grote kazerne hebben gelegen (PvdB: Jean-Bartkazerne)'. Bron: Dagboek Wim van Loenhout.

Duinkerken, zondag 19 mei 1940

Ten slotte kwam de order om in Duinkerken naar de Jean-Bartkazerne te gaan. Daar troffen de luchtwachters en hun medetochtgenoten nog veel meer Nederlandse militairen aan. De Jean-Bartkazerne was net als alle andere gebouwen in de stad vies en onappetijtelijk. Er stond in grote letters op dat het in 1859 was gebouwd en de grote stofnesten en vuile plekken deden vermoeden dat het sinds die tijd ook nooit meer was schoongemaakt. De soldaten moesten hun wapens afgeven en mochten de kazerne, waarvoor Franse schildwachten stonden opgesteld, niet verlaten. De Fransen beschouwden de Nederlanders feitelijk als geïnterneerden. Bron: Priesters in het veldgrijs, 1945.

In de namiddag van de 18e mei kwamen de eerste Nederlandse troepen in Duinkerken aan en werden in de Jean-Bartkazerne ondergebracht. Op zondag 19 mei kwamen nog meer troepenonderdelen uit de Panne aan die voor een deel in de Jean-Bartkazerne en voor een deel in de kazerne Central werden ondergebracht. De totale sterkte bedroeg nu ruim 1500 man. Op last van de Commandant in Zeeland de schout-bij-nacht Van der Stad werd van deze soldaten een nieuw regiment (50 R.I.) gevormd dat bestond uit 12 compagnieën van plusminus 150 man. Als commandant van dit regiment werd de reservemajoor J. Bruyn aangewezen. Door de Commandant de la Place, de Franse brigadegeneraal Watrin, werd bepaald dat de Nederlandse troepen moesten worden ontwapend en dat deze in de kazerne geconsigneerd moesten blijven. Bovendien moest het gros van de fietsen en een deel van de auto's worden ingeleverd. Voorts beval deze generaal dat alle Nederlandse troepen op 20 mei om 12.00 uur op het vrachtschip Pavon ingescheept moesten zijn. De juiste bestemming van het schip wilde hij niet bekend maken (genoemd werden Le Havre en Cherbourg). Bron: Rapport Ministerie van Oorlog, maart 1943.

Aalmoezenier Lam: 'Er bleken zich al veel Nederlandse militairen in Duinkerken te bevinden waaronder ook verscheidene bekenden uit de Peel-Raamstelling. Spoedig na aankomst ging ik naar hotel Esplanade omdat ik zin had om iets te gebruiken. De Commandant van Zeeland Van der Stad bleek in hetzelfde hotel te vertoeven en ik liet me bij zijn staf aandienen. Aanvankelijk werd ik niet toegelaten en ik kon niets anders doen dan op rekening van kamer 35 (waar de staf vertoefde) een kopje koffie te gebruiken. In kamer 35 werd de verdere terugtocht van onze troepen per boot besproken. De staf beschikte niet over een kaart, doch nu kon die van mij zeer goede diensten bewijzen'. Bron: Helmondse Courant 1949.

Het voortdurend aanzwellen van de groep Nederlanders in Duinkerken zat de Fransen steeds meer dwars. De Nederlanders vielen de ene Franse instantie na de andere lastig met hun onvermoeibare pogingen om het noodzakelijke voedsel te bemachtigen, maar iedereen was Duinkerken aan het verlaten. De bevolking sloot winkels en huizen af en zocht een goed heenkomen. De kanselier van het Nederlandse consulaat die in het begin nog behulpzaam was, bleek op een zekere ochtend verdwenen. Ten slotte zagen de Fransen in dat er iets moest gebeuren om deze mannen weg te krijgen voordat Duinkerken in de gevechtszone kwam te liggen en dat moment was al dichtbij. De Franse legerleiding besloot toen om de vrachtboot Pavon ter beschikking te stellen waarmee een deel van de Nederlandse militairen naar Cherbourg zou worden gebracht. Bron: Priesters in het veldgrijs, 1945.

De Pavon was een vrachtschip dat in 1930 door het bedrijf Napier & Miller Ltd. in het Schotse Old Kilpatrick was gebouwd. Op 28 november 1930 werd de Pavon door de rederij La Compagnie de Navigation d'Orbigny in het Franse La Rochelle in het register ingeschreven. Tussen 1930 en 1939 werd de boot voor vrachtvervoer tussen Franse havens en Antwerpen en Buenos Aires in Argentinië gebruikt. In mei 1940 werd de Pavon door de Franse marine opgeëist voor een operatie aan de kust van Holland. Technische gegevens Pavon: lengte: 120.22 meter, breedte: 16.15 meter, Brutogewicht 4128 registerton, Nettogewicht 2439 registerton, machine: 2000CV, snelheid: 11,5 knopen en een bemanning van 38 koppen.

Duinkerken, maandag 20 mei 1940

Op maandag 20 mei werden de Nederlandse militairen in de Jean-Bartkazerne 's ochtends zo goed en zo kwaad als dat ging tot een ordelijk geheel samengevoegd en moesten ze defileren voor de Commandant van Zeeland Schout-bij-nacht Van der Stad en de Franse brigadegeneraal Watrin. Daarna marcheerden ze rechtstreeks naar het vrachtschip de Pavon. Eindelijk konden ze uit Duinkerken weg en uitwijken naar een andere plaats waar ze in actie konden komen en iets zinvols konden doen. Bron: Priesters in het veldgrijs, 1945.

In de morgen van de 20e mei marcheerde majoor Bruyn met het gros van de troepen (plusminus twaalfhonderd man) uit de Jean-Bartkazerne af naar de haven van Duinkerken waar ze onder een afdak werden opgesteld. (Een ander deel van de manschappen werd op de nog beschikbare auto's en fietsen over land zuidwaarts gedirigeerd. Tweehonderd wielrijders onder het bevel van de reservekapitein J. Honig bereikten Boulogne). Omstreeks 10.00 uur werd met de inscheping begonnen. Met groepjes van vijf ging men via een scheepstrap en twee noodloopplanken (later werden het er drie) aan boord. Rond 11.30 was de inscheping van dit eerste gedeelte voltooid. Ondertussen waren er nog meer Nederlandse militairen bij de Jean-Bartkazerne aangekomen. Deze werden door de Franse autoriteiten, samen met de onderdelen uit de kazerne Central (totale sterkte plusminus driehonderd man), eveneens naar de Pavon doorgestuurd. Nadat alle militairen aan boord waren gegaan, werd het schip naar de buitenhaven verhaald. In totaal werden er veertienhonderdvijftig militairen ingescheept waaronder een compagnie onder het bevel van de reservekapitein C. Gudde die samengesteld was uit circa honderdvijfendertig man afkomstig van de luchtwachtposten uit Noord-Brabant en Limburg. (Volgens een telling, die tijdens de inscheping door de 1e luitenant J van der Haas werd gehouden, bestond de eerste groep uit elfhonderdvijfendertig militairen en de tweede groep uit driehonderd militairen. Bron: Rapport Ministerie van Oorlog, maart 1943.

Aalmoezenier Lam: 'Reeds vanaf de vroege morgen stond Duinkerken bloot aan de aanvallen van de Duitse Stukas. Op het havenkwartier waren enkele bommen ingeslagen welke ondermeer de gasleiding hadden getroffen waardoor het gevaarlijke gas in grote hoeveelheden ontsnapte. Nog in de voormiddag kwamen we aan in de haven waar in de uiterste punt het voor ons bestemde vrachtschip lag. De aalmoezenier van de vesting Zeeland en ik overlegden wie de soldaten op de Pavon en wie de soldaten die over land zouden reizen zou vergezellen. Omdat de meeste militairen uit Brabant en Limburg kwamen, waaronder de honderdtwintig man van het Vrijwillig Landstormkorps Luchtwachtdienst, besloten we dat ik de aftocht over zee zou maken. Mijn auto met chauffeur moest ik achterlaten. Zij zouden aansluiten bij de autocolonne naar het binnenland van Frankrijk. Bron: Helmondse Courant 1949.

Soldaat Wim van Loenhout: 'De volgende dag werden we naar de haven gedirigeerd waar we met een kleine tweeduizend man op een groot schip gingen. De een zei dat we naar Engeland gingen terwijl anderen riepen dat de bestemming Le Havre zou zijn. We konden pas rond half elf 's avonds uitvaren omdat de sluizen onklaar waren gemaakt.

We rammelden van de honger en enkele jongens riepen: 'Honger! Honger!' waarop een officier riep: 'Stil jongens! Wij kunnen er ook niets aan doen, dat we geen eten hebben'. Terwijl we langs de Franse kust voeren, was het rustig en de meesten lagen te slapen'. Bron: Dagboek Wim van Loenhout.

Soldaat Jan van den Broek: Op 20 mei marcheerden we rond elf uur 's ochtends van de Jean-Bartkazerne naar de haven van Duinkerken, maar waar we naar toe gingen wisten we niet. De een zei naar Engeland en weer een ander zei dat we naar het zuiden van Frankrijk zouden worden gebracht. Tegen kwart over twaalf was iedereen op het schip dat zich enige ogenblikken later in beweging zette. De jongens dachten dat we al vertrokken waren, maar we hadden nog geen vier à vijfhonderd meter gevaren toen het schip midden in de haven stil kwam te liggen. Later bleek dat het schip alleen bij hoogtij kon uitvaren en de eerstvolgende keer zou dat zou pas 's avonds om tien uur zijn. Tot die tijd moesten we wachten. Bron: Dagboek Jan van den Broek.

De toestand op het schip was verre van rooskleurig. De manschappen werden over drie ruimen verdeeld. In het voorruim bevonden zich plusminus zeshonderd man, in het middenruim tweehonderd en in het achterruim ongeveer zeshonderdvijftig man. De beschikbare ruimte was zo klein dat iedereen dicht opeen zat gepakt. Onder het midden- en voorruim bevond zich een gedeeltelijk met balen kapok gevuld onderruim. In verband met brandgevaar was het voor de militairen verboden om in dit ruim te verblijven. Hoewel aanvankelijk plusminus veertig man in het middenonderruim hebben gelegen, is het vrijwel zeker dat zich op het moment van de bominslag niemand meer in dit onderruim bevond. Voor de aanwezige officieren (plusminus negenentwintig waaronder vijf doktoren, een veldprediker en een hulpaalmoezenier) was een afzonderlijke messroom nabij de commandoruimte bestemd. De reddingsmiddelen bestonden uit vier kleine sloepen waarvan er twee op het verhoogde dek bij de commandobrug hingen en twee een verdieping lager ter hoogte van het grote dek. Verder waren er enkele kisten met zwemvesten en reddingsboeien, maar het aantal was belachelijk klein. Er was geen radio aan boord. Bron: Rapport Ministerie van Oorlog, maart 1943.

De Pavon telde drie ruimen: een voor- midden- en achterruim. Het middelste ruim was het kleinste. Onder deze ruimen bevonden zich onderruimen welke voor een deel met balen kapok waren gevuld die zeer zwaar roken en een benauwde lucht verspreidden. Op de vloer van de bovenruimen vormden grote met balken afgedekte luiken de verbinding met het onderruim. Op en om deze luiken moesten de Nederlandse militairen het zich gemakkelijk zien te maken, maar ieder hulpmiddel daartoe ontbrak echter. In een van de ruimen lag wat stro met paardenmest, maar voor de rest was er niets: geen banken, geen waterreservoirs, geen privaat, niets! Als luchtkokers fungeerden enigermate de laad- en losopeningen naar het dek. Vanwege het brandgevaar door de kapok was het de manschappen ten strengste verboden om te roken en ook het dek was verboden terrein vanwege het gevaar vanuit de lucht. Op foerageren was in het geheel niet gerekend want de reis zou maar kort duren. Bron: Priesters in het veldgrijs, 1945.

Aalmoezenier Lam: 'Vanaf de inscheping was de stemming meer dan bedrukt ook al waren er enkele onderofficieren met een blijmoedig karakter die al het mogelijke deden om de moed erin te houden. In de kajuit was de stemming onder officieren zo dat een van hen van een grafkeldersfeer sprak. Een spelletje kaart, waartoe ik animeerde, kon nauwelijks enige verstrooiing brengen. Allerlei angstige vragen drongen zich telkens weer op: was de boot voldoende beveiligd tegen het gevaar van mijnen en aanvallen vanuit de lucht? Aan wal was ons verzekerd dat de Pavon afweergeschut aan boord had, maar in werkelijkheid stond er ergens in een hoek van het schip een mitrailleur zonder munitie opgesteld. Men voelde zich niet ten onrechte weerloos en aan elk oorlogsgevaar overgeleverd. Bron: Helmondse Courant 1949.

Aangezien de troep die dag nog niet had gegeten, kreeg de 2e luitenant van de militaire administratie J. Nijenhuis de opdracht om aan wal te foerageren. Na enkele uren kwam deze luitenant terug in het gelukkige bezit van veertig kisten scheepsbeschuit en twintig kisten vlees in blik. Iedere man kreeg nu een rantsoen scheepsbeschuit en een half blik vlees. Bron: Rapport Ministerie van Oorlog, maart 1943.

Dokter Willem Stevens: 'Ik kan met geen mogelijkheid zeggen hoe de verdeling van de militairen over de drie beschikbare ruimen heeft plaatsgevonden. Ik meen dat het achterste ruim, dat ik het derde ruim noem, het grootste was. In het middelste ruim, waar de bom later doel trof, waren naar mijn schatting ongeveer driehonderd man aanwezig. Ik weet zeker dat er aanvankelijk ook mensen aanwezig waren in het middenonderruim dat op uw tekening met C staat aangegeven. Dat is het ruim waar de balen wol of kapok lagen. Ik ben daar zelf ook nog een keer afgedaald. Voordat we uitvoeren kregen de militairen het bevel om niet in het ruim met de balen katoen te gaan liggen. Er ontstond ruzie omdat door deze maatregel de militairen in het bovenruim moesten inschikken en men had het daar al niet breed. Ik herinner me ook nog met zekerheid dat er op een bepaald moment, in verband met het uitdelen van noodrantsoenen, door een onderofficier vierenveertig mensen in ruim C werden geteld. Of die vierenveertig militairen ruim C nog verlaten hebben weet ik niet met zekerheid, doch ik meen het wel te moeten betwijfelen'. Bron: Verhoor dokter Willem Stevens, 1940.

Dokter Willem Stevens: 'Ik ben vroeger scheepsarts geweest waardoor ik mij op een schip goed kan oriënteren. In een onder de commandobrug gelegen ruimte was de messroom gevestigd en de gangen aan beide kanten daarnaast waren als verblijf voor de officieren aangewezen. Ik meen mij te herinneren, ook weer als gevolg van een telling van de officieren met het oog op de maaltijden, dat er in totaal tweeëntwintig officieren aan boord waren. Inclusief mijzelf waren er vijf onderofficieren van Gezondheid aan boord: Dr. Kolsters uit Zaamslag, dokter Wachter uit Aalst, dokter Hoeke uit de Betuwe, dokter Taverne uit Den Haag en ikzelf. Van de andere officieren herinner ik mij alleen de namen van majoor Bruyn, luitenant van Iersel, aalmoezenier Lam, kapitein Gudde en veldprediker Greeven uit Kolham, Groningen. Er waren enkele vaandrigs aan boord en ook een sergeant van de S.R.O.I. (PvdB: School voor Reserve Officieren Infanterie), die deze vaandrigs heeft gekend. De naam van deze sergeant kan ik mijn niet meer herinneren, maar een aanwijzing voor u zou kunnen zijn dat hij aan zijn linkerbeen en aan zijn rechterhand, die later moest worden geamputeerd, gewond is geraakt. Hij werd na de ramp in een hospitaal in Calais opgenomen'. Bron: Verhoor dokter Willem Stevens, 1940.

Omdat de stemming zeer bedrukt was, hebben de veldprediker Greeven, hulpaalmoezenier Lam en de doktoren Wachters en Stevens en enkele andere officieren de manschappen in de ruimen toegesproken. De commandant, reservemajoor Bruyn, die verantwoordelijk was voor de inscheping, was naar eigen zeggen niet verantwoordelijk voor het verloop van de zeereis. Majoor Bruyn wist ook niet van welke onderdelen de ingescheepte militairen afkomstig waren. In de avond dat De Pavon uitvoer, heeft niemand van de officieren de verantwoordelijkheid genomen om contact met de gezagvoerder op te nemen. Hierdoor is het duidelijk dat van enige leiding aan boord geen sprake is geweest en dat alle handelingen zeer sterk het karakter van persoonlijk initiatief droegen. Bron: Rapport Ministerie van Oorlog, maart 1943.

Op maandagavond 20 mei 1940 verliet de Pavon omstreeks kwart over negen 's avonds de haven van Duinkerken en bereikte rond tien uur open zee. Geëscorteerd door de Chasseurs 9, 10, 11 en 41 van de Franse marine, was de reis naar de zuidelijker gelegen havenstad Cherbourg eindelijk begonnen. De Helmondse luchtwachters lagen doodvermoeid en nietsvermoedend in het middelste ruim van het schip te dommelen.

De aanval op de Pavon

Robert Chaussois: 'Toen de Pavon (PvdB: geëscorteerd door de Chasseurs 9, 10, 11 en 41 van de Franse marine) ter hoogte van Gravelines aangekomen was, begonnen Duitse vliegtuigen zich voor het verkeer op zee te interesseren. Het waren toestellen van het 2e Stuka-eskader van het 30e Bombardeereskader en van het 1e Instructie-eskader die aanvallen op Duinkerken uitvoerden. Het oliebevoorradingsschip Niger van de Franse marine, dat een halfuur later dan de Pavon uit Duinkerken vertrokken was, werd als eerste door de Duitse Stukas gebombardeerd. Hun actie werd vergemakkelijkt door het heldere licht van de volle maan. De Niger zou nog dagenlang nabranden op de zandbank van Mardyck. Vervolgens werd ook de torpedoboot Adroit geraakt die daarna vastliep op het strand van Malo. Bron: Calais 1939-1940, twee bommen op de Pavon.

Nadat we enkele mijlen afgelegd hadden, deed een Duits vliegtuig (PvdB: Junkers Ju 87, beter bekend als Stuka) omstreeks 22.30 uur een eerste mitrailleuraanval op het schip waarbij de veldprediker Greeven aan de schouder werd gewond. Nadat een tweetal bommen naast het schip terecht waren gekomen, viel er om 23.50 uur een voltreffer in het middenruim aan de kant van de commandobrug. De bom drong door tot het onderruim en stak de balen kapok die daar lagen opgeslagen in brand. Door de explosie werden de luiken die de afscheiding tussen het midden- en onderruim vormden, weggeslagen waardoor de circa vijftig à zestig mannen die daar opzaten in het onderruim stortten. Tussen het middelste en het voorste onderruim was een open verbinding waardoor, als gevolg van de luchtdruk, ook in het voorruim de luiken wegsloegen en plusminus tien militairen in het onderruim vielen. In het midden- en voorruim ontstond een enorme paniek. Mannen verdrongen elkaar om aan dek te komen met als gevolg dat nog enkele militairen naar beneden vielen. De paniek werd nog groter toen het vliegtuig na de bominslag nog twee keer terugkeerde en op het schip vuurde. Ook werd er nog een bom afgeworpen, maar die richtte geen verdere schade aan. Bron: Rapport Ministerie van Oorlog, maart 1943.

Aalmoezenier Lam: 'Pas toen we 's avonds uitvoeren, vernam ik dat de bestemming Cherbourg was. Het duurde maar heel even voordat het eerste vliegtuig opdook. De eerste bommen vielen naast het schip en deden de Pavon hevig trillen. Even later was het raak. Een bom trof doel en kwam dwars door het dek beneden in het ruim terecht. Veel soldaten vielen van hoger gelegen dekken op hun collega's in het ruim eronder. Militairen probeerden in paniek via een stalen ladder omhoog te klimmen waarbij mannen werden weggeduwd en naar beneden vielen. Het was een enorme chaos. Het beroerdste was dat je niet aan dek kon komen omdat het vliegtuig steeds terugkwam en op het schip schoot. Je hoorde de kogels als hagelstenen op het dek slaan. Je was blij dat je niet werd geraakt'. Bron: Nieuwsblad van het Zuiden, 1980.

Toen de Pavon een kwartier onderweg was, hoorde men een vijandelijke bommenwerper naderen, maar er gebeurde verder niets. Een kwartier later keerde de bommenwerper met hevig mitrailleurvuur terug waarbij de veldprediker aan de schouder gewond raakte. Weer verliep er een kwartier van angstig afwachten. Opnieuw volgde er een aanval, maar nu door meerdere bommenwerpers die mitrailleurvuur afgaven en bommen afwierpen. De mannen in de volgestouwde ruimen waren in de veronderstelling, dat het ratelen en de zware knallen afkomstig was van het afweergeschut. De Nederlandse officier die het bevel voerde, vroeg aan aalmoezenier Lam om er bij de kapitein op aan te dringen naar Duinkerken terug te keren, maar de kapitein, die zelf niets liever zou hebben gedaan, zei dat hij zich aan zijn instructies moest houden om naar Cherbourg te varen. Weer kwam er een aanval van de Stukas waarbij mitrailleurkogels over het dek van de Pavon roffelden. Onmiddellijk daarna klonk er een zware inslag waarbij vlammen en rook opstegen. Het schip trilde in al zijn gebinten en de motoren liepen onregelmatig. Vanuit het middenruim hoorde je mannen gillen en schreeuwen waardoor er angst en paniek onder de andere manschappen aangewakkerd werd. Iedereen liep in paniek door elkaar heen. De bom, die vlakbij de commandobrug ingeslagen was, drong door tot het benedenruim waar ze gesmoord werd in de balen kapok. Hierdoor werd voorkomen dat de bom in scherven uiteenspatte en dat het schip in tweeën kon breken, maar desondanks waren de gevolgen enorm. Vanuit een zucht naar zelfbehoud trachtte iedereen bovenop het dek te komen want daar was frisse lucht, maar vrijwel onmiddellijk werden de houten ladders, die de ruimen met het dek verbonden, in gruzelementen getrapt. De mannen verdrongen zich daarna voor slechts één ijzeren noodladder, maar in het gedrang tijdens het beklimmen van die ladder zijn er mannen naar beneden gestort en om het leven gekomen. Bron: Priesters in het veldgrijs, 1945

Soldaat Wim van Loenhout: 'Er viel vier, vijf meter van ons vandaan een bom die in het onderste ruim ontplofte. Het schip had twee ladingsruimen en wij lagen op een ijzeren dek. In het midden van het tussendek en het dek boven ons bevonden zich houten balken waar de luiken op steunden. Toen de bom viel, kwamen de houten balken van het bovendek, met de jongens die daarop zaten, naar beneden en vielen bovenop op de jongens die een verdieping lager op de balken zaten. Alle mannen die daarop zaten, werden naar benden gesleurd. Er brak een ongelofelijke paniek uit. Ik kan het eigenlijk niet goed navertellen. Het was pikdonker en de een na de ander viel naar beneden. Je hoorde alleen maar geschreeuw en gejammer en mannen die om de hulp van onze lieve heer smeekten. Iedereen probeerde via een houten ladder naar boven te klimmen maar die brak onder het gewicht. Ik meen dat ik Gerrit Timmermans naar beneden heb zien storten. Ik viel ook bijna, maar een soldaat trok aan mijn arm terwijl hij zei: 'Kom Willem. Deze kant op. De lading katoen in het ruim onder ons is aan het branden en als we hier achterblijven stikken we'. Op het dek hielpen we met het verbinden van de gewonden. Er was onvoldoende verband en daarom stonden veel soldaten hun poeties (PvdB: beenwindsels die onderdeel waren van het militair uniform) af om de gewonden te verbinden. Bron: Dagboek Wim van Loenhout.

Meerdere soldaten zijn in paniek overboord gesprongen, maar hoogstwaarschijnlijk waren het er niet meer dan vijftien. Van enkelen is met zekerheid bekend dat ze veilig aan wal zijn gekomen. Anderen trachtten zich in veiligheid te brengen door een plaats in een van de sloepen te bemachtigen. In de stuurboordsloep op het verhoogde dek zaten ondermeer kapitein D. Jowerda, 2e luitenant C. Geurts, 1e luitenant J. Brock, reserve 1e luitenant A. van de Maas, vaandrig J. Nijens, sergeant H. Roons en sergeant J. van Waesbergen. Toen de sloep gestreken was, bleef deze echter aan een van de touwen hangen en kon pas wegvaren nadat sergeant Roons het touw doorgesneden had. Sergeant Roons verklaarde dat hij meerdere keren 'help, help' hoorde roepen door mensen die in het water lagen, doch dat er geen reddingspoging ondernomen werd omdat hun sloep al te vol was. Na dertig minuten te hebben rondgedobberd, werd de sloep opgepikt door de Franse Chasseur 41. Even daarvoor waren door ditzelfde schip de inzittenden van de andere stuurboordsloep opgepikt nadat deze, waarschijnlijk door een mitrailleuraanval, lek geschoten en gezonken was. De geredden van deze sloep werden omstreeks 05.30 uur in Boulogne aan wal gezet. Slechter verging het de twee sloepen die aan bakboordzijde hingen. Bij het te water laten van de bakboordsloep op het verhoogde dek, die met vijftien man overvol was, raakte de achtertakel onklaar. De sloep kwam met de boeg naar beneden te hangen waardoor alle inzittenden eruit vielen. De reserveofficier van Gezondheid 1e klas Dr. L. van Hoeke, die in deze boot zat, heeft gezien dat er enkele soldaten verdronken. Hijzelf, de sergeant van Berkel en soldaat Sandwijck (of Zandwijk), een drenkeling met een ontwrichtte schouder, werden na veertig minuten rondgedobberd te hebben door een klein Frans patrouillevaartuig gered en naar Duinkerken gebracht. Vanaf de Pavon probeerde men de drenkelingen aan boord te hijsen terwijl anderen hout toegeworpen werd. Waarschijnlijkheid zijn de reservekapitein voor speciale diensten A. van Lith, de reserve 1e luitenant M. Visser en de reserve 2e luitenant A. van Gorp bij dit ongeval om het leven gekomen. Later toen de Pavon aan de grond liep, werd de sloep verder gestreken en zijn er nog twee à drie mannen mee naar het strand gevaren. De bakboordsloep op het verlaagde dek, waarin plusminus vijftien Nederlandse militairen zaten, sloeg onmiddellijk nadat deze te water was gelaten om. Tijdens het onderzoek kon niet worden vastgesteld hoe het met de drenkelingen van deze sloep vergaan is, maar uit de verhoren zou men kunnen opmaken dat ze verdronken zijn. Bron: Rapport Ministerie van Oorlog, maart 1943.

Dokter Willem Stevens: 'Ik weet niet hoe laat het precies was toen het vliegtuig dat de Pavon aanviel voor het eerst overkwam. Ik schat dat het ongeveer twaalf uur moet zijn geweest. Veldprediker Greeven, die zich in de gang naast de machinekamer bevond, raakte als eerste gewond. Ik heb hem in de messroom verbonden. Korte tijd later kwam het vliegtuig met tussenpozen van naar schatting tien minuten tot een kwartier terug. Ik meen dat de voltreffer tussen twaalf uur en half een afgeworpen is, maar het kan ook best tien voor twaalf zijn geweest. Ik was toen in ons verblijf nabij de commandobrug. Ik hoorde lawaai en gegil en ben onmiddellijk naar buiten, naar de ruimte tussen de commandobrug en het voorste ruim, gerend. Ik heb mijn schoenen uitgetrokken omdat ik dacht dat het schip zou zinken. Op de plaats waar ik mij toen bevond, werd al gauw een begin gemaakt met het uit het ruim halen van de gewonden. Vanaf mijn positie zag ik dat de reddingssloep aan bakboord, de linkse in de vaarrichting van het schip, met wellicht vijftig soldaten afgeladen vol was. Dit aantal was abnormaal hoog aangezien deze sloep naar mijn oordeel slechts twintig, hoogstens dertig personen zonder gevaar zou mogen bevatten. Ik kreeg de indruk dat de touwen afbraken en dat de sloep naar beneden sloeg. In elk geval is die reddingssloep gekanteld op het water terecht gekomen waardoor de inzittenden in het water vielen. De mannen die in die reddingssloep zaten, moeten daarin vrijwel direct na de bominslag hebben plaatsgenomen. Ik vermoed, hoewel ik daar niets van gezien heb, dat er in de eerste ogenblikken na de bominslag nog verschillende andere opvarenden overboord zijn gesprongen. Ik herinner mij dat een tweetal Franse torpedojagers, althans oorlogsvaartuigen van een soortgelijke klasse, bij ons aan stuurboord in de buurt konden komen. Een van die boten kon ik op een afstand van vijftig meter waarnemen. De bemanning van ons schip en van dat laatste oorlogsschip hadden door middel van een megafoon contact met elkaar. In het Frans werd vanaf de Pavon geroepen: 'Wij zijn gestrand', waarop van de andere kant te kennen werd gegeven dat de mensen overboord moesten springen waarna ze door de marinebemanning van de oorlogsschepen opgepikt zouden worden. Ik heb daarna militairen overboord zien springen. Bron: Verhoor dokter Willem Stevens, 1940.

Soldaat Jan van den Broek: 'Op een gegeven moment hoorden we een gebrom dat sterker en sterker werd naarmate het vliegtuig dichter bij onze boot kwam. We hoorden drie knallen waarna de jongens, die bombardementen aan land hadden meegemaakt, van angst begonnen te schreeuwen. Daarbovenuit klonk het afweergeschut. Toen was het even doodstil, maar het vliegtuig kwam snel terug en weer hoorde ik dezelfde knallen als bij de eerste aanval en hetzelfde geschreeuw van de mannen. Er waren jongens die aan dek klommen omdat ze het zaakje niet vertrouwden. Bij de derde aanval kwam er een voltreffer in het middenruim terecht. Er brak brand uit en in blinde paniek renden de soldaten op het dek door elkaar heen. Mannen die in ons ruim lagen, liepen op het geschreeuw af, maar toen ze zagen dat er brand uitgebroken was, waren sommigen niet meer te houden. Enkelen sprongen overboord en probeerden zo aan land te komen. We konden nog net zien dat een reddingssloep omsloeg waardoor iedereen in het water terechtkwam. De ellende was bijna niet te omschrijven en sommigen werden gek van angst. Ondertussen scheerde het vliegtuig met ratelende mitrailleurs nog een keer over de Pavon en daarbij zijn zeker enkele soldaten gedood. Toen een Franse torpedoboot langszij de Pavon kwam liggen, sprongen er jongens vanaf vijftien meter hoogte op die boot en daarbij zijn ook doden gevallen. Bron: Dagboek Jan van den Broek.

Vanaf het moment dat de bom op de Pavon insloeg, snelde de Chasseur 9, een splinternieuwe onderzeebootjager van de Franse marine die onder bevel stond van de Normandiër luitenant Letemplier, te hulp. Op het moment dat de jager met afgezette motoren bij de Pavon aan wilde leggen, viel er een bom tussen de twee schepen in. De Chasseur 9 voer vervolgens weg, maar draaide even later bij om opnieuw aan te leggen. Nauwelijks waren de meerkabels vastgemaakt of de Nederlanders verdrongen elkaar om zichzelf te redden.

Matroos Fredoulet: 'Toen we de Pavon naderden, renden soldaten op de vrachtboot massaal naar de verschansing. Ik zei tegen de commandant dat het misschien verstandig was om een revolver mee te nemen en na zijn instemming ging ik er beneden een halen. Nauwelijks hadden we ons aan de Pavon, die minsten vijf à zes meter boven ons uitstak, vastgemaakt of een stortvloed aan mensen sprong op onze boot. Aan de klappen op de brug was te horen dat sommigen recht naar beneden moeten zijn gesprongen, zo erg had de angst hen te pakken. Commandant Letemplier schreeuwde uit alle macht en schoot met zijn revolver in de lucht, maar het haalde niets uit. We moesten vroegtijdig afhaken om te voorkomen dat onze boot onder de belasting zou omslaan. Onze boot was namelijk scheef in het water komen te liggen omdat iedereen op dezelfde plek was blijven zitten waar hij na zijn sprong van de Pavon terecht was gekomen. We verdeelden de soldaten over beide zijden van onze boot en brachten de gewonden naar de ziekenboeg om ze te verzorgen. Sommigen waren er zo slecht aan toe dat het me verwonderde dat ze naar beneden hebben kunnen springen. Er waren soldaten met gebroken ledematen en een soldaat had zijn buik helemaal openliggen. Ik betwijfelde of hij de nacht door zou komen. Angst en het instinct tot zelfbehoud had hen zover gebracht. De Chasseur 9 deinde, ondanks het goede weer, op de korte golven op en neer. Voor de jongens die daar niet aan gewend waren en onder invloed van de bijkomende emoties, veranderde de ziekenboeg in een braakafdeling. Het was moeilijk om in die ruimte te kunnen blijven zonder misselijk te worden. Een soldaat, die een beetje Frans sprak, dacht dat hij en zijn kameraden veilig waren nu ze op een oorlogsboot zaten. We lieten die jongens maar in de waan dat het beetje ijzer dat ze boven hun hoofd hadden hen zou kunnen beschermen. Ik ging terug naar de brug waar het, zoals overal op onze boot, erg vol was. Er was geen plek onbezet. Sommigen zaten zelfs in de jol en op de hekken rond de machine. Ik vroeg me af wat er zou gebeuren als we een snelle manoeuvre zouden moeten maken.

Commandant Letemplier ondernam een nieuwe poging om bij de Pavon te komen, maar het afgaande tij dwong hem om van dit plan af te zien. Hij liet de jol klaarmaken en vroeg twee vrijwilligers om de riemen te bedienen. De Chasseurs 10 en 11 kregen dezelfde opdracht. Bootsman Ollivier en ik boden ons aan waarna de jol te water werd gelaten. We roeiden tamelijk snel naar de vrachtboot waar we als eerste een map met geheime documenten door de commandant aangereikt kregen. Daarna werd er een baby in een wasmand aan een touw neergelaten. Ik keek Ollivier aan en we hadden allebei dezelfde gedachte: wat triest om een baby in deze omgeving te zien. Toen werd er een vrouw, die erg onzeker was, naar beneden gelaten, gevolgd door een tweede vrouw met een dochtertje van twee jaar. Op het moment dat we weg wilden varen, beklaagde de vrouw zich erover dat haar man nog aan boord was. Wij probeerden haar uit te leggen dat we haar eerst in veiligheid wilde brengen en dat we daarna terug zouden varen om haar man op te halen, maar ze wilde niet luisteren. We besloten daarom om haar man ook maar mee te nemen. Terwijl we ons van de vrachtboot losmaakten, vlogen de Duitse vliegtuigen nog steeds boven de rampplaats. De man probeerde de twee vrouwen, die erg bang waren, gerust te stellen. De baby huilde en dat klonk onwerkelijk in deze onheilspellende nacht. Door de tegenstroom van vijf knopen was de terugtocht erg zwaar. We waren afgedreven en het gevaar bestond dat we tegen de romp van onze eigen boot zouden slaan. Mijn armen waren loodzwaar van het roeien, maar de baas bleef mij aanmoedigen: ‘Volhouden Fredoulet’. Dat deed me goed. De man die bij ons was, wilde me helpen, maar dat leverde me enkel een klap met een roeispaan op. Ik was doodop, maar toch moest ik verder. Eindelijk dook de sombere massa van de Chasseur 9 voor ons op. We hadden het gehaald. Toen we veilig aan boord waren, zette de Chasseur 9 zich in beweging en voeren we naar de haven van Duinkerken. Bron: ‘Calais 1939-1940, Twee bommen op de Pavon’.

Les Hemmes de Marck, dinsdag 21 mei 1940

Kapitein Perdrault van de Pavon moest van het plan afzien om volgens de regels te evacueren. Hij draaide het roer helemaal naar bakboord en zette de Pavon met opzet buiten de vaargeul aan de grond op het strand tussen Oye Plage en Les Hemmes de Marck met als doel om de redding van de passagiers te vergemakkelijken. Ondertussen gingen de reddingswerkzaamheden op de Pavon verder. In het middenruim werden aan drie zijden touwen neergelaten waarlangs de ongedeerde en lichtgewonden soldaten naar boven werden gehesen. Ook in het voorruim werden met hetzelfde doel enkele touwen neergelaten. De dienstplichtig sergeant J. van Nieuwenhuizen, die zich in dit ruim bevond, was in het voorste ruim afgedaald. Na twee gewonden een trap naar boven te hebben gewezen en een derde gewonde aan een touw te hebben vastgebonden, zag hij door de opening in het tussenschot de brandende balen kapok in het onderste middenruim. Bij het schijnsel hiervan kon hij een aantal gewonden zien rondkruipen. De sergeant heeft bij iedere gewonde afzonderlijk een touw om de oksels gebonden waarna ze omhoog werden gehesen. Toen het bluswerk begon, ontstond er zoveel rook dat hij verdere reddingspogingen moest staken en na veel moeite lukte het hem om zichzelf aan dek te laten hijsen. In ditzelfde tijdsbestek is de vaandrig J. Sietses met enkele anderen, waaronder de dienstplichtige J. van den Bogert, in het middenruim afgedaald om de gewonden die zich daar bevonden naar boven te brengen. De gewonden werden op de plaats behandeld waar zij aan dek waren gebracht. Dokter Stevens bevond zich aan bakboord en ook dokter A. Taverne en dokter J. Kolsters verleenden bijstand. Hulpaalmoezenier Lam verleende geestelijke bijstand. Tijdens het blussen van de brand is dokter Stevens, afgaande op het schreeuwen en kermen van een gewonde, nog in het middenruim afgedaald, doch hij heeft deze gewonde niet kunnen vinden. Het blussen verliep vlot mede doordat het schip lek geslagen was en water maakte. Na het blussen is dokter Wachters als eerste in het middenruim afgedaald waar hij op het gangpad rond het luik naar het onderruim circa twintig lijken heeft waargenomen. Een man die onder een baal kapok lag, kon door hem worden bevrijd. In het onderruim kon hij echter niet veel onderscheiden. Daarna zijn nog een vijftal militairen, onder wie de dienstplichtig sergeant J. Zwanenburg, in het onderste middenruim afgedaald. Dit ploegje heeft een tiental gewonden en waarschijnlijk ook enkele lijken naar boven gebracht. Bron: Rapport Ministerie van Oorlog, maart 1943.

Soldaat Wim van Loenhout: 'Terwijl de Pavon op de kust afkoerste, werden er sloepen in het water gezet. De eerste sloep kapseisde omdat het touw te strak hing waardoor de mannen eruit vielen. Heel even hoorde ik gejammer en toen was het weer stil. De volgende sloep, met vijfentwintig man aan boord, kwam goed op het water terecht en roeide naar de kust. Even later liep de Pavon vast op de kust. Toen het vuur in het ruim gedoofd was, kwamen de vliegtuigen weer terug. Door het mitrailleurvuur werden er weer enkele jongens gedood en door de brandbommen die werden afgegooid, ontstond er opnieuw brand. Ik verwonderde me over de daadkracht van de aalmoezenier die iedereen tot kalmte maande en de stervenden trachtte te troosten. Toen de vliegtuigen niet meer terugkwamen, gingen er mannen aan de slag met het bouwen van vlotten van de luikplanken, maar als daar drie mannen op gingen staan, zakten ze tot hun middel in het water. Er werden twaalf vlotten neergelaten, maar slechts vier daarvan bereikten de kust.' Bron: Dagboek Wim van Loenhout.

Soldaat Hendrik Sterrenberg: 'Twee bommen, die beiden ontploften, vielen precies in het middenschip in het ruim. Ik kreeg bomscherven in mijn heup en arm, maar ik had ondanks mijn verwondingen nog de tegenwoordigheid van geest om uit het ruim te klimmen. Dat was moeilijk want onderin lagen katoenbalen die in brand waren gevlogen en door de rook kon ik niets zien, maar ik wist ongeveer waar zich het ijzeren trapje naar boven bevond. Uit het ruim steeg een vreselijk gegil van de gewonden op. Mannen op gevorderde leeftijd riepen om hun moeder, vrouw en kinderen. Zodra ik bovenaan het trapje was, werd ik geholpen en naast een stervende op het dek gelegd. De andere gewonden werden zoveel mogelijk door de mannen die niet gewond waren naar boven geholpen. Een Franse torpedojager, die langszij kon komen, heeft verscheidene gewonden van de Pavon meegenomen. Toen die jager even later, met nog drie andere torpedojagers, terugkwam, konden ze vanwege het terugtrekkende water niet dicht genoeg meer bij de Pavon komen. Toen we op het strand vastliepen, hebben ze de motoren nog laten doordraaien met de bedoeling dat de Pavon zich vast zou zetten en niet meer kon kapseizen. Toen het voldoende licht was, bleek dat er vier Franse torpedojagers om ons heen lagen en dat er drie jachtvliegtuigen overvlogen om ons tegen verdere aanvallen te beschermen. In de verte zagen we een brandend schip (PvdB: de olietanker Niger). Toen we van De Pavon waren gehaald, werden we in een achter de duinen gelegen boerderij ondergebracht. Later werden we met ambulanceauto's naar Calais vervoerd. Bron: Dagboek Hendrik Sterrenberg.

De toestand op de boot was verschrikkelijk. Licht- en zwaargewonden kermden om hulp. Enkele moedige kerels, onder wie een sergeant-majoor, lieten zich in het ruim afzakken en bonden de nog levende mannen een touw onder de oksels waardoor ze vanaf het dek naar boven gehesen konden worden. Op deze manier zijn nog veel jongens gered. De postcommandant van Helmond (PvdB: Wim Rijniers) is ook op deze manier uit het ruim gehaald. De drie aanwezige militaire artsen hadden hun handen vol en telkens werden ze bij nieuwe gewonden geroepen. Ook aalmoezenier Lam was onvermoeid in het verlenen van geestelijke hulp. Bron: Gedenkboek luchtwachtdienst, 1949

Eerste hulp werd verleend door de op de Pavon aanwezige doktoren en door aalmoezenier Lam die als een van de eerste naar de plaats snelde waar de bom was ingeslagen. Zonder zich een ogenblik te bedenken, ging hij van de ene naar de ander dode en diende hen het heilig oliesel toe ongeacht of de slachtoffers katholiek of protestant waren. Zo gaf hij meer dan zeventig doden het laatste afscheid mee. De gewonden vroegen om de meeste aandacht. Er waren verscheidene mannen die zo ernstig gewond waren dat zij ieder ogenblik konden sterven. Als zij om de aalmoezenier vroegen, bleef hij bij hen om hun doodsstrijd te verlichten. Terwijl de meeste mannen wegvluchtten om zichzelf in veiligheid te brengen, bleef de aalmoezenier bij de gewonden en zorgde ervoor dat ze voldoende ruimte kregen en languit konden liggen en een deken over zich heen kregen. Bron: Priesters in het veldgrijs, 1945

Dokter Willem Stevens: 'Er werd eerste hulp verleend door de doktoren Kolsters, Wachter, Taverne en mijzelf. Dokter Hoeke schijnt tijdens de eerste paniek van boord af te zijn gegaan. Dokter Kolsters en dokter Wachter zijn van boord gegaan toen het eb werd. Ik weet dat dokter Wachter nog behulpzaam is geweest bij het op het strand in ontvangst nemen van de gewonden die op planken gebonden aan touwen naar beneden werden gelaten. Ik meen dat Dokter Kolsters daarvoor al weggegaan was. Terwijl ik aan dek bezig was met het verzorgen van de gewonden hoorde ik vanuit het ruim iemand schreeuwen en kermen. Ik ben toen in ruim B afgedaald, maar het was zo donker dat ik niets kon onderscheiden. Ik ben niet in het middenruim C geweest omdat ze daar nog aan het blussen waren, maar in dat ruim viel evenmin iets waar te nemen, behalve dat er water instond. Het schreeuwen stopte op een gegeven moment en ik veronderstelde dat het slachtoffer overleden was, maar ik heb geen lichaam kunnen vinden. Ik heb ook nog een lijk bij de rand van het middenruim B zien liggen dat beklemd lag tussen die rand en een ijzeren balk. Bron: Verhoor dokter Willem Stevens, 1940.

Soldaat Jan van den Broek: Na enige tijd waren we de brand meester waarna we zoveel mogelijk doden en gewonden uit het ruim probeerden te halen, maar dat viel door de rookontwikkeling niet mee. Mijn vier kameraden zag ik niet meer. In het ruim pakte ik dekens op die anderen van schrik hadden laten liggen en die heb ik, toen ik weer aan dek was, over de rillende jongens heen gelegd. Sommigen waren door hun bebloede gezicht onherkenbaar en er waren ook mannen bij die een arm of een been afhadden. Bron: Dagboek Jan van den Broek.

Toen de luchtaanvallen stopten, kon men de situatie op de Pavon wat beter overzien. De commandanten kregen hun mannen weer enigszins in het gareel en het reddingswerk begon op gang te komen. Het middenschip werd voor de gewonden gereserveerd terwijl de niet-gewonden zich op de voor- en achtersteven verzamelden. Geleidelijk kwamen er meer boten langszij liggen die een aantal opvarenden van de Pavon aanboord namen. Intussen zakte het water als gevolg van intredend eb dusdanig dat alleen nog kleine motorboten en een patrouillevaartuig de vrachtboot konden benaderen. Met touwen werden de gewonden naar beneden gelaten. Toen de Pavon tegen half drie 's nachts nagenoeg geheel droog was komen te liggen, konden de laatste opvarenden zich langs touwen naar beneden laten zakken en wadend door ondiep water bereikten zij de kust. De ontruiming van het schip ging nu snel en regelmatig in zijn werk. De aalmoezenier bood aan om aan land te gaan om daar de aangevoerde gewonden op te vangen en hun transport naar ziekenhuizen of verbandplaatsen in de omgeving te regelen. De commandant van het schip ging daarmee akkoord. De priester klom langs een touw naar beneden en wadend door het water bereikte hij het strand waar hij vrijwilligers bijeenzocht voor het vervoer van de gewonden. Twee van de vier doktoren verlieten voor hetzelfde doel de Pavon. Bron: Priesters in het veldgrijs, 1945

Om half drie 's nachts begon de evacuatie van de soldaten op de Pavon. Dit ging aanvankelijk zeer langzaam omdat de mannen nog ongeveer honderd meter moesten zwemmen alvorens ze wadend de kust konden bereiken. Ook werden aan boord gemaakte vlotten te water gelaten die geschikt waren voor drie à vier man. Een van deze vlotten heeft veldprediker Greeven, die zich in het water aan een balk vastgeklampt had, opgepikt. Rond half vier was het water zover teruggetrokken dat het makkelijker was om van de boot af te komen. Langs touwen liet men zich vanaf het plusminus twaalf meter hoger gelegen dek op het strand zakken. Hierbij ontstonden nogal wat ongelukjes omdat velen onderweg het touw loslieten en door de klap op de grond een arm of been braken. De doktoren Wachters en Kolsters zijn omstreeks deze tijd ook van boord gegaan. Dokter Wachters heeft de aan het strand wonende mensen uit hun bed gehaald en boerenkarren en paarden gevorderd voor het vervoer van de gewonden. Daarna heeft hij met het Rode Kruis in Calais gebeld met het verzoek om vervoermiddelen. Dokter Wachters is daarna op het strand behulpzaam geweest bij het van boord halen van de gewonden. Ook hulpaalmoezenier Lam gaf aanwijzingen voor het verzamelen van karren. De doktoren Stevens en Taverne zijn aan boord gebleven en hebben daar, geholpen door een twintigtal soldaten, tussen vier en vijf uur tweeënzestig gewonden van boord gehaald. Toen het begon te schemeren is de dienstplichtige Van Dam nog een keer in het onderste middenruim afgedaald en heeft nog kans gezien vier gewonden aan touwen naar boven te laten hijsen. In het onderste ruim heeft hij in het middengedeelte plusminus vijftien lijken zien liggen. Aan zijkant kon hij slechts gestalten onderscheiden die op en door elkaar lagen. Van Dam schatte dat er in dit ruim dertig à veertig lijken lagen. Om vijf uur is dokter Stevens nog een keer het hele schip rondgegaan om te zien of zich nog ergens levenden bevonden, maar dit bleek niet het geval te zijn. In het middenruim constateerde hij twintig lijken, terwijl hij het niet onmogelijk achtte dat er ook nog doden onder de balen kapok lagen. Op het dek lagen vijftien à twintig lijken, voor een deel militairen en voor een deel luchtwachters. Hulpaalmoezenier Lam, die voor het ontschepen van de gewonden weer op de Pavon teruggekeerd was, verliet omstreeks half vijf wederom het schip. In zijn verslag heeft hij verklaard dat het aantal achtergelaten doden op zeventig werd geraamd. Op grond van de gegevens verkregen uit de overige verhoren, kan worden aangenomen dat op het dek plusminus vijftien, in het middenruim niet meer dan twintig en in het onderste middenruim pluisminus dertig lijken lagen. Bron: Rapport Ministerie van Oorlog, maart 1943.

Luchtwachter Jan van Lieshout: 'Piet van Rooij, Goevaars, die met een dochter van Bertje van Bree was getrouwd, en ik, zijn tot het laatst op de vrachtboot gebleven. Ik liep met een mes in mijn hand rond en assisteerde een luitenant die de tuniek van de slachtoffers kapot sneed en de naamplaatjes eraf haalde. Die verzamelde hij om later de slachtoffers te kunnen identificeren. Op een gegeven moment kon ik het niet meer aan. Toen zeiden ze tegen mij: 'Zorg dat je weg komt'. Ik ben toen langs de touwen maar beneden gegaan'. Bron: Interview met luchtwachter Jan van Lieshout, 1985

Dokter Willem Stevens: 'Tot vier, vijf uur 's morgens zijn dokter Taverne en ik met de gewonden bezig geweest. Van de bemanning van de Pavon ondervonden we eerder tegen- dan medewerking, maar door verschillende soldaten zijn wij ongelooflijk goed geholpen. Ik herinner mij een man, een lange soldaat, die onafgebroken op de meest koelbloedige wijze heeft geholpen met het transporteren van de gewonden en wellicht ook van de doden. Ik dacht dat hij een cavalerist was. Ik vertel u dit omdat ik van mening ben dat deze soldaat een onderscheiding heeft verdiend. Ik herinner mij ook dat aan stuurboord ter hoogte van het middenruim een aantal slachtoffers lagen zoals te zien is op de foto die u mij laat zien. Ook aan de andere kant lagen lijken, maar hoe die daar gekomen zijn weet ik niet. Mogelijk zijn ze op het dek gestorven of ze waren al overleden toen zij uit het ruim werden gehaald. Tussen vier en vijf uur hebben we 62 gewonden van boord gehaald en in dit uur is ook het allergrootste deel van de niet gewonde soldaten van boord gegaan die zich langs touwen naar benden te lieten zakken. Het was vrij hoog (12 tot 15 meter) en enkele jongens die onderweg het touw loslieten, hebben nog een arm of been gebroken. Bron: Verhoor dokter Willem Stevens, 1940.

Soldaat Wim van Loenhout: 'Toen het water begon te zakken, bond ik mijn deken op mijn rug en liet me via een touw naar beneden zakken. Toen ik in het water gleed, werd de deken nat waardoor ik bijna niet meer overeind kon komen. Iemand hiep me overeind en vervolgens waadde ik door het water naar het strand. Ik was moederziel alleen omdat ik mijn kameraden kwijtgeraakt was. Ik heb nog even gewacht of er iemand kwam, maar ik zag niemand meer. Ik sloot me aan bij een andere groep jongens en bij het eerste het beste huis dat we zagen, hebben we aangeklopt om te vragen of we ons daar konden drogen. Die mensen waren niet gastvrij en zeiden dat we maar beter weg konden gaan. Verderop gingen we een cafeetje binnen. Wie Belgisch geld bij zich had, kon terecht om wat eten te krijgen, maar ik had geen geld omdat we al drie weken geen soldij meer hadden ontvangen. Ik kiepte mijn schoenen leeg en wrong mijn sokken uit en ging alleen verder. In een dorp kwam ik weer andere soldaten tegen die op het punt stonden om in een berg stro te gaan slapen. Ik ging er ook maar bijliggen want ik voelde me meer dood dan levend. Omdat ik nog nat was, werd ik na een tijdje wakker van de kou. Ik stond op en sloot me aan bij een groep soldaten die naar het vijf kilometer verderop gelegen Calais wilden lopen. Toen we daar bijna waren, moesten we weer terug omdat Calais gebombardeerd zou worden. We liepen weer terug naar het dorp waar we vandaan waren gekomen. Omdat het vliegveld vlakbij dat dorpje gebombardeerd werd, besloten we om toch maar terug naar Calais te gaan. Onderweg kregen we van een klein Frans vrouwtje een bordje aardappelen met een ei en iets dat op koffie leek. Wij bedankten die mensen en via Calais gingen we verder naar een ander dorp. Bron: Dagboek Wim van Loenhout.

Soldaat Jan van der Pol: 'In een dorpje dicht bij de kust lagen alle overlevenden van het getroffen schip langs de kant van de weg uit te rusten. Nadat we in een kerkje gebeden hadden, zijn we met zijn vieren op stap gegaan om wat eten te zoeken. Er waren van onze groep uit Grave nog maar vier jongens over. Voordat we op de Pavon ingescheept werden, waren we al vier jongens kwijtgeraakt en een kameraad moesten we zwaargewond op het schip achterlaten. Hij is later met de andere gewonden naar een ziekenhuis in Calais gebracht. Het viel niet mee om aan eten te komen. Ik was zo vrij om bij een pastorie aan te bellen want ik dacht: als er ergens eten is dan zal het wel op een pastorie zijn. We kregen ieder twee kleine eitjes die we ongekookt uitgeslurpt hebben, maar verder hadden ze niets te eten. De meid zei dat de pastoor van de kerk gemobiliseerd was en dat een geestelijke (PvdB: Jan Kuilboer) uit een naburig dorpje als vervanger de mis kwam voorlezen. Die geestelijke had aan aalmoezenier Lam beloofd dat hij voor de begrafenis van onze gesneuvelde kameraden zou zorgen. Bron: Dagboek Jan van der Pol.

Pastoor Jan Kuilboer: 'De gewonden werden met vrachtwagens en ziekenauto's naar Calais vervoerd, maar de gewonden die tijdens of kort na het van boord halen overleden zijn, gingen niet mee op transport naar Calais. Die werden in een tijdelijk graf in de duinen begraven. Het waren er minstens vier à vijf en ik kan nog aanwijzen waar ze hebben gelegen. De zoon van een Franse bankier, die aangespoeld was, hebben we ook bij de soldaten begraven. De mannen werden door Pierre Pollet begraven, maar die is ondertussen overleden. De papieren die de soldaten bij zich hadden, stopten we in een fles waar we de bodem vanaf sloegen en die werd dan in het graf dicht bij het hoofd van het slachtoffer gelegd'. Bron: Interview met pastoor Jan Kuilboer, 1984.

Een van de militairen die in de duinen begraven werd, was reservekapitein A. van Lith uit Eindhoven, geboren op 13 september 1897. Van Lith overleefde het bombardement op de Pavon, maar tijdens het vervoer naar het strand is hij overleden en in een tijdelijk graf in de duinen begraven. Van Lith was in het civiele leven referendaris bij de gemeente Eindhoven en beklede daarnaast tal van maatschappelijke functies. Bron: Gedenkboek Luchtwachtdienst, 1949.

Ton van Lith, zoon van kapitein Van Lith uit Eindhoven: 'We kregen van het Rode Kruis de portefeuille van vader thuis gestuurd met daarin foto's van ons moeder en de kinderen. Die foto's waren door het zoute water aan de achterkant weer afgedrukt. Vader moet dus in het water hebben gelegen. Het houten kruisje van zijn tijdelijk graf hebben we ook. Op donderdag 04 juli 1940, anderhalve maand na de ramp, zijn een broer van mijn vader en een vriend van hem die een taxibedrijf had, in een dag op en neer naar Frankrijk gereden. Ze hebben vader in de duinen opgegraven en mee naar huis genomen. Hoe ze het voor elkaar gekregen hebben weet ik niet, maar ze hadden blijkbaar toestemming van de Duitsers om op het strand te mogen komen. Vader had zijn uniform aan en zijn jasje lag los over zijn gezicht. Hij schijnt nog erg gaaf te zijn geweest. Vader is nog dezelfde avond in Eindhoven herbegraven. Later zijn de stoffelijke resten nog een keer herbegraven op het Militaire Ereveld op de Grebbeberg'. Bron: Interview met pastoor Jan Kuilboer, 1984.

Robert Chaussois: 'In de vroege ochtend van de 21e mei zag kapitein Perdrault hoe ernstig de schade aan de Pavon was en hij stelde vast dat het onmogelijk was om de vrachtboot weer vlot te krijgen. Hij verliet de Pavon als een gebroken man. Op de Pavon bleven alleen de lichamen van een vijftigtal dode soldaten achter. Kapitein Perdrault heeft zijn plicht uitstekend vervuld. Later werd hij in het ereregister van het Legion d' Honneur ingeschreven. Ook de Chasseur 9 zou later eervol worden vermeld. In de nacht na de ramp met de Pavon werd de Chasseur 9 door een bom getroffen. Ondanks de schade voer de jager door, maar al gauw moest hij, naast het wrak van de Adroit, op het strand van Malo aan de grond worden gezet. Alle pogingen om het schip vlot te trekken waren tevergeefs. Zijn korte maar roemruchte loopbaan was ten einde. Bron: 'Calais 1939-1940, Twee bommen op de Pavon'.

Toen de laatste gewonden van boord waren gehaald, beval de kapitein dat iedereen het schip moest verlaten en zich in veiligheid moest brengen. De naar schatting zeventig doden, die in het middenschip lagen, mochten niet meer worden geborgen omdat dit naar zijn mening teveel gevaar zou opleveren. Aalmoezenier Lam strekte voor de laatste keer zegenend de handen over de doden uit en rond vijf uur in de ochtend verliet hij voor de laatste keer het rampschip dat eenzaam op het strand achterbleef. De contouren van de Pavon staken scherp af tegen de grijze ochtendlucht. Bron: Priesters in het veldgrijs, 1945

Met het laatste gewondentransport bereikte aalmoezenier Lam tegen half tien in de ochtend Calais waar hij, na een kort bezoek aan het ziekenhuis, contact zocht met de Franse autoriteiten om het ravitailleringvraagstuk van de in Oye-Plage achtergebleven mannen te bespreken. Nadat hij twee volle uren van het kastje naar de muur was gestuurd, slaagde hij erin om de commandant van Calais aan te klampen. Deze beloofde dat hij een geschikt kwartier voor de Nederlandse militairen zou zoeken. Aalmoezenier Lam kreeg de auto van de commandant ter beschikking en ook beloofde deze om spoedig een officier met verdere instructies te sturen. Met dit bericht keerde aalmoezenier Lam terug in Oye-Plage waar hij, na het uitbrengen van zijn rapport, eindelijk onder een boom bij een boerderij enige uren van een welverdiende slaap kon genieten. Nog dezelfde dag stuurde de Commandant van Calais het bericht dat de Nederlandse troepen zo snel mogelijk naar Coquelles, een plaatsje drie kilometer van Calais, moesten gaan. Het was echter niet eenvoudig om gehoor aan dit bevel te geven. De Nederlanders lagen namelijk geheel verspreid langs de kust en de angst voor een nieuwe luchtaanval dreef hen nog verder uit elkaar. Verscheidene groepjes waren al op eigen initiatief naar Boulogne en andere plaatsen in Frankrijk vertrokken. Er konden in totaal toch nog 1200 mannen worden verzameld die in kleine afdelingen naar Coquelles afmarcheerden. Bron: Priesters in het veldgrijs, 1945.

De gewonden, ook diegene in Duinkerken aan land waren gebracht, werden naar Calais vervoerd. Het merendeel werd in het 'hospitaal supplementaire' ondergebracht waar zij nog door de doktoren Stevens en Wachters en hulpaalmoezenier Lam werden bezocht. Door de Franse medici werden deze bezoeken echter niet op prijs gesteld en zelfs dokter Wachters werd door de chef van het hospitaal de toegang geweigerd met de mededeling dat hij de zieken moest bezoeken op de dagen en uren die daarvoor waren vastgesteld. Enkele gewonden van de Pavon werden ondergebracht in het hoofdhospitaal van Calais, maar door de grote toeloop van Franse gewonden, zijn deze soldaten later naar het 'hospitaal supplementaire' gebracht. Wachtmeester G. Aberlé heeft in opdracht van dokter Stevens in dit hospitaal de gewonden geteld. Hij kwam daarbij tot ruim honderd, maar hij was toen nog niet bij alle gewonden langs geweest. Verder waren volgens zijn verklaring alle Nederlandse gewonden, die in het laatstgenoemde hospitaal lagen, van de Pavon afkomstig. Enkele gewonden zijn van Calais naar Boulogne vervoerd. Na de val van Calais op 26 mei 1940 werd de Franse kustplaats in de avond van de 27e mei door de Engelse marine beschoten waarbij het 'hospitaal supplementaire' in brand vloog en uitbrandde. De gewonden werden tijdens deze artilleriebeschieting overgebracht naar het Engelse Lazaret 'John May'. De lichtgewonden werden ondergebracht in de kerk St. Jeanne d'Arc.

Op 03 juni werden de eerste zesentwintig patiënten uit het ziekenhuis ontslagen en op transport naar Nederland gesteld waar zij op 05 juni aankwamen. Na die datum moesten de soldaten die voldoende hersteld waren op eigen gelegenheid Nederland zien te bereiken. De gewonden die achter bleven, werden later door een Rode Kruiscolonne van de afdeling Breda onder leiding van dokter A. van Overeem naar Nederland overgebracht. Het laatste transport arriveerde op 29 juni in Breda. In het hospitaal in Calais zijn overleden: op 21 mei de dienstplichtig soldaat Jan Lokker, op 27 mei de dienstplichtig soldaat T. van Duffelen en een nog onbekend gebleven militair. Bron: Rapport Ministerie van Oorlog, maart 1943.

Op maandag 17 juni 1940 schreef soldaat Hendrik Sterrenberg, die in een ziekenhuis in Calais herstellende was van zijn verwondingen, het volgende over het lot van de doden op de Pavon: 'Vandaag kregen we de onthutsende mededeling dat de Duitsers bij het onderzoeken van de Pavon nog vijftig lijken aan boord hebben gevonden. Vanwege hoogwater heeft men het schip een maand lang niet kunnen bereiken waardoor de lichamen helemaal opgezet waren. De Duitsers noemden het wrak, waar een vreselijke lijkenlucht boven hing, een spookschip. Een Duitse soldaat, die per ongeluk op een lichaam trapte, zag zijn voet in zijn geheel in het lijk verdwijnen'. Bron: Dagboek Hendrik Sterrenberg.

Krijgsgevangen

De plusminus elfhonderd niet-gewonde militairen werden door reservemajoor De Bruyn in de nabijheid van Oye Plage verzameld. Hulpaalmoezenier Lam nam contact op met de commandant in Calais om voedsel en onderdak voor de Nederlandse troepen te regelen, maar gedreven door de honger hadden zich al kleine groepjes afgesplitst die op eigen gelegenheid naar Calais trokken of de boerderijen in de omgeving afliepen om voedsel te bemachtigen. In de loop van de morgen hebben aalmoezenier Lam, de dokteren Stevens en Wachters en enkele andere officieren nog beraadslaagd over het identificeren en bergen van de aan boord achtergelaten slachtoffers. Omdat iedereen oververmoeid was, werd besloten om dit 's middags te doen, maar dat is er nooit meer van gekomen omdat ze van een Engelse wachtpost, die bij de gestrande Pavon was geplaatst, geen toestemming kregen om aan boord te gaan. 's Middags kwam het bevel om naar het drie kilometer zuidelijk van Calais gelegen Coquelles af te marcheren waar verdere instructies zouden worden gegeven. Door de constante dreiging van Duitse Stukas werd de mars behoorlijk vertraagd waardoor pas na het vallen van de duisternis Coquelles werd bereikt. De groep werd in een drietal grote boerderijen (PvdB: waaronder hoeve Lefèvre, eigendom van de burgemeester van Coquelles) ondergebracht. Bron: Rapport Ministerie van Oorlog, maart 1943.

Soldaat Jan van der Pol: 'Onder voortdurende dreiging van neervallende bommen trokken we naar Calais waar we 's avonds om negen uur aankwamen. Er was tegen ons gezegd dat we daar voorlopig veilig zouden zijn, maar dat bleek niet het geval te zijn. Toen we Calais bereikten, bleek dat deze mooie stad voor meer dan de helft in brand stond en er vielen steeds meer bommen. We moesten nog minstens twee uur lopen voordat we onze bestemming hadden bereikt'. Bron: Dagboek Jan van der Pol.

Soldaat Jan van den Broek: 'In Calais werden we naar een boerderij, die een flink eind buiten de stad lag, gestuurd. Complete straten waren in puin veranderd en de bevolking was gevlucht. Het zag er verschrikkelijk uit. De eerste soldaten die op de boerderij arriveerden, vonden een overdekte plaats, maar de jongens die het laatst aankwamen, moesten onder een groot dak op vierkante balen stro slapen. De meeste jongens vielen van vermoeidheid meteen in slaap terwijl anderen gingen kijken of ze nog wat eten konden bemachtigen, maar behalve een paar eitjes, die ze rauw opaten, was er niets te vinden. Bron: Dagboek Jan van den Broek.

Tegen middernacht waren de ongeveer twaalfhonderd mannen in stinkende stallen, tochtige schuren en open hooibergen ondergebracht. De legering was uiterst primitief, maar vooral de voeding vormde een ernstig probleem. Op dringend verzoek, stelde de intendance te Calais wat cake en vers vlees ter beschikking, doch wat was dit voor twaalfhonderd man? Met de burgemeester van het dorp werd over het aankopen van een koe onderhandeld. Slagers waren er voldoende, maar tot slachten kwam het niet. Alles wees erop dat Calais en de omliggende dorpen door de Duitsers omsingeld waren en dat het niet mogelijk was naar het zuiden te ontkomen. Een poging om door bemiddeling van de Nederlandse gezant in Londen een schip te krijgen om hen naar Engeland te brengen, mislukte. De schipbreukelingen zaten in de val en het werden enkele benauwde dagen omdat ze letterlijk tussen twee vuren inzaten. Bron: Gedenkboek Luchtwachtdienst, 1949.

Coquelles, donderdag 23 mei 1940

Op donderdag 23 mei werd er telefonisch contact opgenomen met de Nederlandse gezant in Londen met het verzoek om de soldaten door een Nederlands oorlogsschip te laten ophalen. De gezant beloofde zijn best te zullen doen, maar uiteraard kon hij geen toezeggingen doen. Bron: Rapport Ministerie van Oorlog, maart 1943.

Op vrijdag 24 mei kwamen de Nederlandse militairen tussen de Franse en Duitse linies in te zitten. Majoor De Bruyn besprak de nijpende situatie waarin zij terecht waren gekomen met de officieren. Hij nam het besluit om zich aan de Duitsers over te geven en dit werd omstreeks 14.00 uur door een van de officieren aan de groep verteld. Ongeveer een uur later verschenen er drie Duitse artillerieverkenners bij de boerderij om de Nederlandse militairen achter de Duitse linies te brengen. Om achter de linies te komen, moesten de soldaten een stuk bouwland oversteken dat onder voortdurend artillerie- en mitrailleurvuur lag. Bij deze actie sneuvelden de soldaten TH. Beunen, L. van Loo en H. van Sonsbeeck, die zich in Zeeuws-Vlaanderen bij de Nederlandse troepen aangesloten had. De slachtoffers werden ter plaatse op de hoeve van M. Mobailly begraven. Bron: Rapport Ministerie van Oorlog, maart 1943.

Een van de Duitse verkenners leidde de groep achter het Duitse front waarbij door een Franse granaatinslag drie doden vielen. Onderweg zagen de soldaten diepe trechters in de weg en lijken van Franse en Duitse soldaten die eromheen lagen. Na twintig kilometer te hebben gelopen, kwam de groep tegen de avond in Marquise aan waar de krijgsgevangenen door de Duitsers werden gesorteerd. De groep moest aantreden en de doktoren en de officieren werden eruit gehaald. De soldaten kregen de kerk als verblijf toegewezen en de officieren de pastorie. Aalmoezenier Lam bad in het schemerdonkere kerkje een rozenhoedje voor, doch toen de soldaten zich voor de nacht gereed maakten, kwam het bevel dat ze verder moesten marcheren. Tien, vijftien kilometer verder, in een boomgaard nabij Le Wast, kregen ze eindelijk rust en konden ze proberen wat te slapen. Bron: Priesters in het veldgrijs, 1945.

Soldaat Jan van der Pol: 'We zouden vandaag verder trekken in de richting van Boulogne, maar dat ging niet door omdat de Duitsers nog maar een paar kilometer van ons verwijderd waren. We kwamen tussen twee vuurlinies in te zitten en we konden niets anders doen dan afwachten wat er met ons ging gebeuren. In de boerderij waar we ondergebracht waren, moesten we het twee dagen en twee nachten zonder eten en drinken stellen. Angstig luisterden we naar de kanonschoten van de Franse en Duitse machines. De kogels vlogen rakelings over de boerderij en het gefluit van de Duitse vliegtuigen was angstaanjagend. Ze gooiden hun bommen op dicht bij de boerderij gelegen Franse stellingen'. Bron: Dagboek Jan van der Pol.

Soldaat Jan van den Broek: 'Op de derde dag stond er een Duitse soldaat voor ons en vanaf dat moment waren we krijgsgevangenen. We moesten steeds maar lopen zonder dat we wisten waarheen. We hoorden het donderen van het zware geschut en als we achterom keken, konden we Calais zien branden. We liepen langs een weg waar we kapotgeschoten kanonnen en ongebruikte wapens zagen liggen en de dorpen waar we doorheentrokken, waren in een puinhoop veranderd'. Bron: Dagboek Jan van den Broek.

Soldaat Wim van Loenhout: 'In het dorpje Coquelles troffen we kapelaan Lam en een grote groep soldaten uit De Peel. We werden met ongeveer veertienhonderd soldaten in een grote boerderij ingekwartierd. De eerste dag kregen we een noodrantsoen, maar de tweede dag en derde dag was er niets te eten. Ik ben toen op eigen initiatief eten gaan zoeken, maar ik vond slechts een paar balen slakkenmeel. Ik laadde mijn zakken er vol mee en vertelde het aan de andere jongens. Spoedig waren de meesten voorzien. We maakten het meel nat en aten het op, maar we werden er misselijk van. 's Avonds hoorden we dat de Duitsers vlakbij waren en we waren doodsbang dat we zouden worden geëxecuteerd. De volgende dag werden we krijgsgevangen gemaakt en tijdens de aftocht hoorden we de kogels fluiten en zagen we granaten om ons heen uiteenspatten. Ik heb gezien hoe op een meter of tien van ons vandaan twee Hollandse jongens een granaatscherf in hun rug kregen en kermend neervielen, maar we mochten ze van de Duitsers niet helpen'. Bron: Dagboek Wim van Loenhout.

Na een mars van twintig kilometer bereikten de soldaten het plaatsje Marquise. Majoor Bruyn, die tijdens deze mars door een bomscherf aan het hoofd werd getroffen, werd in een Duitse verbandplaats verzorgd. De doktoren Stevens en Wachters werden ook naar deze verbandplaats gestuurd om te helpen met de behandeling van de gewonden. In Marquise werden de Nederlandse krijgsgevangenen in een colonne samengevoegd met Belgische, Engelse en Franse gevangenen. Nog dezelfde dag ging de tocht verder naar het elf kilometer verderop gelegen plaatsje Le Wast. Daar kwamen de soldaten 's nachts aan en moesten ze in de openlucht overnachten. Bron: Rapport Ministerie van Oorlog, maart 1943.

Soldaat Jan van der Pol: 'Op vrijdag werden we krijgsgevangen gemaakt en moesten we onder bewaking van Duitse soldaten ons verblijf verlaten, maar waar we naar toe gingen was niet bekend. Het eerste half uur werden we nog meerdere keren door de Fransen beschoten en daarbij zijn nog enkele personen gesneuveld. We hebben die dag van 's middags vier uur tot 's nachts half drie gelopen. Toen we eindelijk rust kregen, konden we proberen wat te slapen onder de bomen in een weiland. Bron: Dagboek Jan van der Pol.

Montreuil, zaterdag 25 mei 1940

Op zaterdagochtend ging de tocht verder naar Desvres waar duizenden Franse, Belgische en Engelse krijgsgevangenen op een groot sportveld bijeen waren gebracht. De zandige grond van de arena diende hen tot stoel, tafel en bed tegelijk. Op de rondom gelegen tribunes hielden de Duitsers de wacht met hun mitrailleurs in de aanslag. De uitgeputte mannen werden 'verkwikt' met drie sneetjes geperst roggebrood en wat water, maar na een uur moesten ze alweer verder. De langgerekte stoet werd voorafgegaan door een auto met gewapende Duitsers. Daarachter liepen achtereenvolgens de Nederlandse, Belgische, Franse, en Engelse officieren gevolgd door een kilometerslange stoet manschappen. Als de bochtige weg een heuvel opliep, konden degenen die achterop liepen de stoet als een langgerekte slang door het Franse land zien voorttrekken.

De Duitsers wilden met alle geweld nog diezelfde dag Montreuil bereiken. Voor hen was dat een koud kunstje want zij konden op een fiets springen of in een auto gaan zitten, maar de krijgsgevangenen, zelfs degene die gewond waren, moesten lopen. Voor de uitstekende getrainde Engelse soldaten, die zelfs hun gewonden droegen en daarbij ook nog hun opgewektheid wisten te bewaren, was dat goed te doen, maar onder de Nederlanders bevonden zich oudere mannen van de vrijwillige luchtwacht die nog nooit een marsoefening hadden meegemaakt. Deze ongetrainde en slecht gevoede mannen moesten over onbeschutte, broeierig hete wegen marcheren. De Duitse onderofficieren maakten de Nederlanders uit voor luiaard en ze konden maar beter een voorbeeld aan die vervloekte Tommies nemen. De Duitsers escorteerden de stoet aan beide kanten en de soldaten waren met handgranaten gewapend om vluchtpogingen van de krijgsgevangenen in de kiem te smoren. Oponthoud werd niet meer toegestaan en de laatste kilometers tot Montreuil moesten zonder rust en drinken worden afgelegd. Op een gegeven moment ontlaadde zich een hevig onweer boven de optrekkende stoet. De bliksem, die een onheilspellende aanblik in dit heuvelachtige land bood, schoot haast lijnrecht naar beneden. Er viel een stortbui die aanvankelijk prettig aanvoelde omdat deze eindelijk de vurig verlangde afkoeling gaf. De mannen liepen met hun mond en handen open om het water op te vangen, maar de aardigheid was er gauw vanaf. Het bleef de hele avond door stortregenen terwijl de krijgsgevangenen zwijgend langs de ruïnes van het slagveld sjokten. Bron: Priesters in het veldgrijs, 1945.

Soldaat Jan van der Pol: 'Op zaterdagochtend om zes uur ging het weer verder. Bij sommige boeren konden we wat boter kopen die we zomaar opaten of op een schijf voederbiet smeerden die we uit een oude opslagkuil hadden gehaald. Ook hebben we meerdere keren rabarber uit tuinen geplukt die van we vanwege de honger en dorst rauw opaten. Bron: Dagboek Jan van der Pol.

Nadat we dertig kilometer hadden gelopen, kregen we een kwartier rust, maar we moesten weer vlug verder over de hete, heuvelachtige wegen zonder dat we eten en drinken kregen. 's Avonds om een uur of acht begon het te onweren en te stortregenen. Er was zoveel licht en gedonder dat het leek alsof de wereld verging, maar desondanks was het weerlicht in de heuvels ook wel mooi om te zien. We snakten allemaal naar water en likten onze lippen af toen het begon te regen. De meeste jongens dronken het water dat van de bergen afkwam, maar ik beheerste me omdat ik geen zin had om ziek te worden. Toen we door een dorp liepen, hield ik een blikje van mijn noodrantsoen onder de goot van een huis en dronk zoveel water tot ik er buikpijn van kreeg'. Bron: Dagboek Wim van Loenhout

Op zaterdagavond 25 mei kwam de vijftienduizend man tellende colonne krijgsgevangenen in Montreuil aan waar de Duisters, onder een aanhoudende stortregen, aan de slag gingen met het inkwartieren van de gevangenen. De officieren kregen een kasteel in het hoger gelegen gedeelte van Montreuil toegewezen terwijl de manschappen naar een bioscoopzaal en andere beschikbare openbare ruimtes werden gedirigeerd. Zowel de Nederlandse officieren als de manschappen kwamen er tijdens het dringen om een slaapplaats slecht vanaf omdat zij te fatsoenlijk waren en van hun medegevangenen hetzelfde verwachtten. Vooral de Fransen en Belgen drongen zich met een brutaliteit op waar de Nederlanders niet tegenop konden. Aalmoezenier Lam had in het kasteel een kamer bemachtigd en zette zich voor de deur schrap met de bedoeling de kamer voor de Nederlandse officieren te reserveren. De Fransen drongen echter met geweld naar binnen en een kapitein van de Franse luchtmacht nestelde zich, zonder zich iets van de scheldwoorden van de Nederlanders aan te trekken, languit op de vloer en sliep meteen in. De aalmoezenier moest de nacht zittend in een kleine ruimte doorbrengen. De soldaten ging het niet beter. Ondanks het feit dat de Nederlanders in de eerste rij marcheerden, schoten de Fransen hen eenvoudig voorbij en namen de beste plaatsen in de bioscoop in beslag. De Nederlanders hadden geen andere keus dan de nacht onder de blote hemel, zittend op de keien in de regen, door te brengen. Bron: Priesters in het veldgrijs, 1945.

Soldaat Jan van den Broek: 'Toen we in Montreuil aankwamen was het nog steeds noodweer. Ik was door en door nat omdat ik mijn jas op een rustplaats had laten liggen. We werden met Engelsen en Fransen op een plein bijeengebracht. Ik zag hoe hinkende en kruipende mannen omvergelopen werden door jongens die een plaats in de schaars beschikbare huizen probeerden te bemachtigen, maar al gauw waren de huizen vol en moesten we maar zien waar we konden slapen. De meeste jongens lagen zomaar uitgeput in regenplassen op de grond, maar ik vond een droge plaats onder een wagen van Duitse schildwachten'. Bron: Dagboek Jan van den Broek.

Soldaat Jan van der Pol: 'Toen we 's avonds op de plaats van bestemming aankwamen, moesten we in de stromende regen op het marktplein overnachten. We kropen op onze knieën met zijn vieren dicht tegen elkaar aan en met drie overjassen over ons hoofd geslagen, probeerden we ons enigszins tegen de regen te beschermen'. Bron: Dagboek Jan van der Pol.

Soldaat Wim van Loenhout: 'Op zaterdag 25 mei kwamen we 's avonds rond middernacht in de stad Montreuil aan waar we na zestig kilometer lopen eindelijk rust kregen. Omdat ze geen onderdak voor ons konden vinden, werden we in een vak geplaatst dat afgezet was met prikkeldraad. Iedere nationaliteit kreeg een apart vak toegewezen. Ik ging op mijn deken zitten en leunde tegen een muur, maar alles was doornat waardoor ik niet kon slapen. De volgende dag kwamen de Duitse officieren met de mededeling dat we vrij waren en onder leiding van Nederlandse officieren naar huis mochten. Onder leiding van aalmoezenier Lam begonnen we nog dezelfde dag aan de eerste etappe huiswaarts. Omdat het zondag was hoefden we die dag maar twintig kilometer te lopen'. Bron: Dagboek Wim van Loenhout.

Huiswaarts

Toen de keukenwagens de volgende ochtend arriveerden, hoopten de Nederlandse krijgsgevangenen dat ze iets te eten zouden krijgen, maar opnieuw waren de Fransen hen voor. Met een ongelooflijke brutaliteit plunderden ze de keukenwagen voordat de Nederlanders er zelfs maar bij in de buurt konden komen. De aalmoezenier was de brutale Fransen beu en probeerde de Duitse commandant te spreken te krijgen. Toen deze hoorde dat de aalmoezenier een Nederlander was en verantwoordelijk was voor 1200 Nederlandse krijgsgevangenen zei hij: 'Sie können nach hause gehen'. Omdat aalmoezenier Lam de enige hoofdofficier in het gezelschap was, werd hij tot commandant benoemd. De twee kapiteins kregen ieder een compagnie van 600 man toegewezen en iedere luitenant en vaandrig een sectie van 150 man. Bron: Priesters in het veldgrijs, 1945.

Soldaat Jan van der Pol: 'Tegen de morgen klaarde het weer wat op en werd aan ons meegedeeld dat we vrij waren en naar huis konden. Dit bericht werd met een daverend applaus beantwoord. Vanaf dat moment stonden we niet meer onder commando van de Duitsers, maar onder het commando van Majoor-aalmoezenier Lam die met veel toewijding en opoffering voor ons heeft gezorgd'. Bron: Dagboek Jan van der Pol.

Soldaat Jan van den Broek: 'Toen het licht werd, kreeg ik pas goed overzicht over de ellendige situatie waarin we ons bevonden. De meeste gevangenen lagen nog van vermoeidheid in de regenplassen te slapen terwijl anderen rillend van de kou in natte kleren rondliepen. Na enige tijd werd er zeekaak en vet om erop te smeren uitgedeeld. Er waren soldaten die pakten wat ze pakken konden krijgen waardoor er voor anderen niets meer overbleef. De Duitse kok was een of andere brei aan het maken en toen die klaar was moesten we in de rij gaan staan. Het was lang geleden dat we warme soep hadden gehad en een warm bakje ging er natuurlijk vlug in. Engelsen, Fransen en Belgen stonden door elkaar heen en als ze en beetje buiten de rij gingen staan, kregen ze van de Duitse schildwachten een beuk met de kolf van hun geweer. Dit herhaalde zich keer op keer en op het laatst durfden de meesten niet meer in de rij te gaan staan'. Bron: Dagboek Jan van den Broek.

Met aalmoezenier Lam aan het hoofd vertrokken de Nederlandse soldaten uit Montreuil, doch er was geen sprake van dat hij met deze uitgeputte soldaten Hesdin, de plaats die de Duitsers als eerstvolgende rustplaats hadden aangewezen, zou kunnen bereiken. Hoe monter de kerels de thuismars ook aanvaardden, het werd hen spoedig te machtig.

De mannen verzamelden al hun krachten, maar kwamen slechts strompelend vooruit en de aalmoezenier besloot daarom in het dorpje Brimeux te overnachten. Met de burgemeester van Brimeux, die tevens eigenaar van het café was, viel echter niet te praten. De aalmoezenier handelde toen op eigen gezag en stuurde zijn officieren naar de boeren en eiste brutaalweg inkwartiering. Niemand durfde bezwaar te maken want ze hadden de angst voor militairen goed te pakken. Er werd meel gevorderd en de dorpsbakker werd aan het werk gezet zodat nog diezelfde ochtend de groep volop brood kreeg. De Nederlanders bleven een volle dag in Brimeux. Bron: Priesters in het veldgrijs, 1945.

Soldaat Wim van Loenhout: 'Het was zondag en daarom hoefden we van aalmoezenier Lam vandaag maar twintig kilometer te lopen. Toen we bij de rustplaats aankwamen, werd er eerst naar onderdak gezocht en daarna kregen we drie gekookte aardappels in de schil per man. Na het eten fristen we ons op en wasten we onze sokken waarna we vlug gingen slapen'. Bron: Dagboek Wim van Loenhout.

Brimeux - Ligny-sur-Canche, maandag 27 mei 1940

Op maandagochtend 27 mei bereikte de groep Lam het 17,5 kilometer verderop gelegen stadje Hesdin. Ongeveer negentig personen wisten hier een fiets te bemachtigen waarmee ze als een van de eersten begin juni Nederland wisten te bereiken. De overige mannen marcheerden die dag verder naar het 23 kilometer verderop gelegen Ligny-sur-Canche, waar ze de nacht doorbrachten. Bron: Rapport Ministerie van Oorlog, maart 1943.

In Hesdin besprak aalmoezenier Lam met de Duitsers het vraagstuk van de vele voetzieken. Er waren jongens die van de pijn onder hun zolen niet of nauwelijks meer konden lopen. De Duitsers vonden het vraagstuk helemaal niet moeilijk. Bij het stadhuis stonden een grote hoeveelheid fietsen van Franse burgers die naar het stadhuis waren gekomen om distributieaangelegenheden te regelen. De fietsen werden door de Duitsers gevorderd waarna de Nederlanders met de zere voeten onder leiding van een vaandrig hun reis per fiets konden voortzetten. Bron: Priesters in het veldgrijs, 1945.

Vanaf Hesdin moest aalmoezenier Lam noodgedwongen kleinere en grotere groepen soldaten op eigen gelegenheid verder laten trekken.

Ligny-sur-Canche - Doullens, dinsdag 28 mei 1940

Op dinsdagavond 28 mei bereikte de groep Lam na 18 kilometer de stad Doullens waar zieken en voetzieken door Franse doktoren werden onderzocht met als resultaat dat de volgende dag 165 voetzieken onder het bevel van reservekapitein Gudde werden achtergelaten. De Duitsers hadden toegezegd dat de zieke soldaten per auto verder zouden worden vervoerd. Het gros van dit detachement, waaronder 130 mannen onder bevel van de reserve 2e luitenant J.R. Grool, werd met een autocolonne meegenomen. De overige 35 mannen die bij kapitein Gudde achterbleven, gingen op de fiets of per auto naar Cambrai. Bron: Rapport Ministerie van Oorlog, maart 1943.

In Doullens, waar de keukenwagen gereed stond om voor de Nederlanders te koken, overwogen de Duitsers de mogelijkheid om de Nederlandse militairen met vrachtwagens te gaan vervoeren. Dit plan kon maar voor een deel worden uitgevoerd omdat er niet genoeg materieel beschikbaar was om 1200 man te vervoeren. Hoogstens een kwart van de mannen kon meerijden waardoor er vanaf Doullens weer driehonderd man hun eigen weg gingen. Onaangenaam was de wijze waarop een groep vrijbuiters zich van de colonne losmaakte. Dit waren de jongens die op rooftocht uitgingen en van alles in de wacht wisten te sleepten. Ze kwamen met schoenen, drank en fietsen aanzetten en als je vroeg hoe ze eraan kwamen, luidde steevast het antwoord: 'van de Duitsers'. Door het optreden van deze piraten kreeg aalmoezenier Lam geen moment rust waardoor hij besloot om deze 'handige' jongens maar op hun 'van de Duitsers gekregen' fietsen op eigen gelegenheid verder te laten trekken'. Bron: Priesters in het veldgrijs, 1945.

Doullens - Irles, woensdag 29 mei 1940

Op woensdag 29 mei marcheerde de groep Lam over een afstand van veertig kilometer naar Irles. Bron: Rapport Ministerie van Oorlog, maart 1943.

Soldaat Jan van den Broek: 'Nadat we de volgende dag Doullens achter ons hadden gelaten, kwamen we meerdere Duitse colonnes tegen die ons brood, sigaretten en wijn toewierpen. Daar werd stevig om gevochten want de meesten hadden een al een tijdje niets meer gegeten. Toen er weer een grote colonne aankwam, kregen we het bevel dat we van de weg af moesten omdat het veel te gevaarlijk was met al dat verkeer. We moesten noodgedwongen tot twaalf uur 's middags wachten voordat we verder konden. In de tussentijd waren we aan het rekenen: als we vandaag daar naar toe lopen en morgen daar naar toe dan zijn we op die en die dag weer in Holland. Er werden de gekste voorstellingen gemaakt hoe het in Holland zou zijn. Zouden de steden net zo gebombardeerd zijn zoals hier in Frankrijk? Bron: Dagboek Jan van den Broek.

Soldaat Wim van Loenhout: 'We liepen iedere dag veertig kilometer berg op berg af en onderweg was het een komen en gaan van Duitse troepentransporten. De ene dag kregen we een glas melk, een knol of suikerbiet te eten, maar we er waren ook dagen dat we niets kregen. Zo hebben we tien dagen gelopen en onderweg zagen we de vreselijkste taferelen. Op een geven moment kwamen we bij een plek waar een vijftigtal vernielde auto's kris kras over de weg stonden en eromheen lagen lijken van Franse soldaten. Omdat de weg geblokkeerd was, liepen we door de berm en de sloot langs de weg die bezaaid was met helmen en kledingstukken. Op een gegeven moment stapte ik op het lijk van een Franse soldaat van wie het gezicht nog net boven zijn overjas uitkwam. Ik werd lijkbleek en stond te beven als een rietje. Een dag later kwamen we bij een plek waar de Fransen per ongeluk een groep Engelse soldaten hadden gebombardeerd. We zagen zwaar verminkte soldaten van wie sommigen een arm of been afhadden. Even later werden we door acht Franse vliegtuigen aangevallen. We hadden geen helm meer, maar we mochten van de Duitsers, die op de vliegtuigen begonnen te schieten, geen dekking zoeken. We hoorden alleen maar geschreeuw dat we ons uit de voeten moesten maken. De laatste dagen kregen wij vrijwel niets meer te eten. Aalmoezenier Lam had nog duizend gulden waarvoor hij op een boerderij brood ging kopen, maar de oogst was schamel. We gingen in een rij staan en kregen een veertigste deel van een brood en een stukje ham'. Bron: Dagboek Wim van Loenhout.

Soldaat Jan van der Pol: We hadden ongeveer twintig of dertig kilometer gelopen, toen ik een Duitse legerauto aanhield waarin een officier en twee soldaten zaten. Ik vroeg hen of mijn Utrechtse kameraad en ik mee naar Cambrai mochten rijden waar we ons die dag moesten melden. Het was goed mits we bereid waren om op de voorspatborden van de auto te gaan liggen. Omstreeks vier uur in de middag kwamen we in Cambrai aan waar we van de Duitse legerleiding wat te eten kregen en waar we een fiets kregen waarmee we onze reis voort konden zetten. Vanaf dat moment hoorde ik niet langer meer bij de groep van aalmoezenier Lam, maar bij een groep van zestig man die onder leiding van een luitenant uit Breda stond. We reisden die dag nog 65 kilometer. De volgende dag kwamen we in Brussel aan waar we de nacht doorbrachten'. Bron: Dagboek Jan van der Pol.

Soldaat Wim van Loenhout: 'Op een dag stelde ik aan een paar maten voor om bewust op de grote groep achter te blijven in de veronderstelling dat we als klein groepje meer kans zouden hebben om aan eten te komen. Het plan werkte goed want we kregen zelfs een keer een half brood, negen eieren en een glas cognac, maar door deze actie verloren we wel onze groep uit het oog. We vroegen aan een Duitse chauffeur of we mee mochten rijden en zo kwamen we die dag zelfs twintig kilometer verder dan waar onze jongens waren. Onderweg passeerden we een mensenkaravaan van wel 125.000 Fransen, Engelsen, Marokkanen en Belgen die zeker veertig kilometer lang was. Vanaf de plaats waar we afgezet werden, gingen we te voet verder naar Cambrai dat ongeveer veertig kilometer van de Belgische grens verwijderd ligt. In dit stadje troffen we een groep van ongeveer honderd Nederlandse soldaten en kregen we goed te eten en te drinken van de Duitsers. De volgende dag kregen we een gevorderde fiets toegewezen. Toen we zestig kilometer gefietst hadden, kwamen we Hollandse auto's tegen die met levensmiddelen onderweg naar het front waren. Er kwamen ook auto's terug en die hebben ons een stuk meegenomen. Bron: Dagboek Wim van Loenhout.

Op woensdag 29 mei kwam de groep voetzieken onder leiding van reservekapitein Gudde in Cambrai aan. Op donderdag 30 mei werden de in Cambrai aanwezige Nederlandse militairen in drie afzonderlijke groepen opgesplitst. Het detachement van reservekapitein Gudde en het detachement van kapitein Zijl kregen fietsen toegewezen. Een detachement van ongeveer vijftig soldaten ging, onder leiding van reserveluitenant Van Iersel, te voet verder. Deze drie detachementen kwamen begin juni in Nederland aan. Bron: Rapport Ministerie van Oorlog, maart 1943.

Naast de overlevenden van de Pavon trok er nog een andere groep van plusminus vijfhonderd Nederlandse soldaten, die op 24 mei in Boulogne krijgsgevangen waren gemaakt, terug naar Nederland. Deze groep kwam op 29 mei in Cambrai aan. De detachementen onder leiding van de kapiteins Jorwerda en Honig en het detachement van luitenant de Jong werden naar een gevangenkamp in het Duitse Trier geleid. Op 01 juni begon voor deze soldaten de thuisreis naar Nederland waar ze op 03 juni aankwamen. Bron: Rapport Ministerie van Oorlog, maart 1943.

In Neufchâteau kwam luchtwachter J. van Beuken uit Echt, geboren op 30 oktober 1884, door uitputting om het leven. Hij overleed op donderdag 30 mei 1940 in het bijzijn van enkele kameraden het ziekenhuis van Neufchâteau. Bron: Gedenkboek luchtwachtdienst, 1949. (PvdB: Van Beuken maakte vermoedelijk deel uit van de groep uit Boulogne omdat de groep onder leiding van aalmoezenier Lam pas op zaterdag 01 juni in Neufchâteau aankwam).

Irles - Villers-Flouich, donderdag 30 mei 1940

Op donderdag 30 mei marcheerde de groep Lam over een afstand van dertig kilometer via Bertincourt naar Villers-Flouich. Vanaf Bertincourt werd de leiding over het detachement door de Duitsers overgenomen. Het oorspronkelijke detachement van 1200 soldaten was onderweg, vanwege de vele voetzieken en afgesplitste groepjes die op eigen gelegenheid het vaderland trachtten te bereiken, aanzienlijke kleiner geworden. Bron: Rapport Ministerie van Oorlog, maart 1943.

In Irles, een klein dorpje in de buurt van Bapaume, waar de Vierde Infanteriedivisie van de Duitsers gelegerd was, werd de groep Lam door de Duitsers staande gehouden. Aalmoezenier Lam moest bij de compagniecommandant komen die hem niet erg vriendelijk ontving. Na een uitgebreid verhoor werd besloten dat de Nederlanders binnen het gebied van de Duitse divisie moesten blijven. Dit kwam erop neer dat de groep Lam opnieuw als krijgsgevangen werd beschouwd. De Nederlandse soldaten werden op de trein naar Charleville-Mézières gezet waar ze in een artilleriekazerne werden ondergebracht. Bron: Priesters in het veldgrijs, 1945.

Charleville-Mézières - Neufchâteau, zaterdag 01 juni 1940

Op zaterdagmiddag 01 juni werd een groot aantal krijgsgevangenen, onder wie de groep Lam, met vrachtauto's naar Neufchâteau in België overgebracht. Bron: Rapport Ministerie van Oorlog, maart 1943.

Op zaterdag werd de groep Lam in vrachtwagens dwars door de Ardennen naar Neufchâteau in België vervoerd waar zij in een krijgsgevangenkamp terecht kwamen. Daar kregen de soldaten knäckebröd met water te eten. Na aanhoudende protesten van aalmoezenier Lam hoefden de Nederlanders niet in het krijgsgevangenkamp te blijven, maar konden ze overnachten in het Paleis van Justitie. Het was weliswaar een mooi gebouw, maar niet geschikt voor een verblijf voor soldaten. De Nederlanders moesten maar op eigen gelegenheid in de buurt van het station kwartier maken en met de officier van het station werd afgesproken dat deze hen zou wekken zodra er een trein binnenkwam die hen verder kon vervoeren. De Nederlanders waren nu niet langer krijgsgevangenen. Bron: Priesters in het veldgrijs, 1945.

Eindhoven, zaterdag 01 juni 1940

Op zaterdag 01 juni 1940, de dag dat de soldaten onder leiding van aalmoezenier Lam op transport naar Neufchâteau werden gesteld, kwamen de eerste soldaten, die zich eerder van de groep Lam hadden afgesplitst, in Nederland aan. Een van deze soldaten was Jan van der Pol.

Soldaat Wim van Loenhout: 'In Mons kregen we van burgers een fles water en een stuk brood en konden we in een leeg huis op stro slapen. De volgende dag gingen we op de fiets verder naar Brussel waar we weer Nederlands hoorden praten en waar we van mensen worst, brood en koffie kregen. In Putte kregen we zelfs een paar potten bier aangeboden. Eindelijk gingen we de Nederlandse grens over, maar na honderdvijftig kilometer fietsen en door het bier dat naar mijn benen was gezakt, was ik zo moe geworden dat ik telkens moest rusten. Toen we drie kilometer van Bergen op Zoom verwijderd waren, stapte ik van vermoeidheid weer eens van mijn fiets af en tot mijn stomste verbazing kwam daar mijn broer Karel, die naar een neergestort vliegtuig wilde gaan kijken, aangefietst. Mijn broer stapte af en zei: 'Ik ben zo blij dat ik je zie en dat je nog leeft, maar wat zie je eruit! Wat zullen ze in Bergen toch blij zijn dat je weer terug bent'. Mijn hemd stond stijf van het vuil, mijn sokken waren meer gat dan sok en een schoen had nagenoeg geen zool meer. Bij mijn broer Johan kon ik mezelf wat opknappen en nadat ik een boterham had gegeten, kwamen mijn broers mij om beurten opzoeken. Ik moest het verhaal over de Pavon iedere keer opnieuw vertellen. Bron: Dagboek Wim van Loenhout.

Soldaat Jan van der Pol: 'Vanaf Brussel begon onze laatste etappe door België en omstreeks half tien passeerden we de grens met Nederland. We reden naar Breda waar we ons, na een fietstocht van negentig kilometer, om elf uur 's morgens op een overvolle kazerne meldden. Ik was blij dat ik meteen met groot verlof werd gestuurd. Toen ik mijn verlofpas en vier gulden in ontvangst had genomen, nam ik afscheid van mijn vrienden en kennissen waarna ik zo vlug als ik kon op mijn fiets, die ik mocht houden, Breda uitreed op weg naar Eindhoven. Onderweg hield ik een auto aan met het verzoek of ik mee mocht rijden. Ik had meteen geluk en kon meerijden tot Eindhoven. Het was een man uit Hoensbroek van wie ik ook nog een paar boterhammen en wat te drinken kreeg. In Woensel liet ik me eerst scheren en knippen want als mijn vrouw me in deze conditie zou zien, zou ze schrikken want ik had me al in dagen niet meer gewassen of geschoren. Ik zal het moment waarop ik thuis kwam en mijn vrouw en kinderen achter op de plaats bij hun dagelijkse bezigheden aantrof, nooit meer vergeten. Binnen ging ik op een stoel naast mijn vrouw zitten, maar we konden van ontroering geen woord uitbrengen. Het allerliefst was ik eerst wat gaan rusten, maar ik kreeg de kans niet omdat het de hele verdere dag een komen en gaan van familie en vrienden was en iedere keer moest ik mijn verhaal vertellen. Tot slot wil ik mijn dank uitbrengen aan de leiding die aalmoezenier Lam ons heeft gegeven en op de eerste plaats aan Onze Lieve Heer die mij waarschijnlijk gespaard heeft door het steeds aanhoudende gebed van mijn dierbare vrouw en kinderen'. Bron: Dagboek Jan van der Pol.

Helmond, zaterdag 01 juni 1940

Op zaterdagmiddag 01 juni was luchtwachter Jan van Lieshout weer thuis in Helmond. Jan maakte hoogstwaarschijnlijk deel uit van de groep van kapitein Gudde die zich in Doullens van de groep Lam had afgesplitst. Met een deel van de mannen vertrok Gudde op donderdag 30 mei vanuit Cambrai richting Nederland. De tocht ging eerst per fiets en later per vrachtauto's via Avesnes, Maubeuge, Mons en Brussel en daarna gesplitst over Antwerpen en Leuven respectievelijk naar Brabant en Limburg. Bron: Gedenkboek Luchtwachtdienst, 1949.

Luchtwachter Jan van Lieshout: 'Vanaf Brussel zijn we met vrachtwagens naar Antwerpen gegaan en vanaf daar meteen door naar Breda. Omdat we al een tijdje niets meer hadden gegeten, gingen we, toen we in Breda aankwamen, als eerste een bakkerswinkel binnen waar we zonder te betalen brood kregen. In een kazerne, waar we een gulden of drie uitbetaald kregen, liepen allemaal hoge militairen met smetteloze pakjes en gepoetste laarzen rond. Ze zeiden tegen onze luitenant: 'Waar heb jij toch gezeten want je ziet er zo uit?' Toen zei ik: 'Mag ik ook iets zeggen? Waar hebben jullie gezeten met je mooi gepoetste laarzen en je pakje aan? Jullie zullen niet ver weg zijn geweest'. Daar hadden ze niet van terug want ze zeiden niets meer. Daarna gingen we met de trein naar Helmond en op zaterdagmiddag 01 juni was ik weer thuis'. Bron: Interview met luchtwachter Jan van Lieshout, 1985.

Calais, zondag 02 juni 1940

Soldaat Hendrik Sterrenberg: 'Sinds we hier in het ziekenhuis in Calais verpleegd worden, zijn er al vijf soldaten aan hun verwondingen overleden: twee Engelsen, twee Fransen en een Belg. De eerste ploeg Nederlanders is al te voet naar het vaderland vertrokken. We hopen hen spoedig te kunnen volgen! In ons gezelschap bevindt zich een Helmondse kastelein (PvdB: Harrie Janssen), die er de moed goed inhoudt. Hij heeft ons uitgenodigd om bij hem in de zaak een borrel te komen drinken als we weer terug zijn in Nederland.' Bron: Dagboek Hendrik Sterrenberg.

Neufchâteau - Trier, zondag 02 juni 1940

Op zondagmorgen 02 juni werd de reis naar Trier per trein voortgezet waar de groep Lam ondergebracht werd in een krijgsgevangenkamp. Bron: Rapport Ministerie van Oorlog, maart 1943.

Op zondag 02 juni lukte het de groep Lam om per trein van Luxemburg naar Trier te reizen. De soldaten waren in de veronderstelling dat ze vanaf Trier een kaartje konden kopen en naar huis konden reizen, maar in Trier werd de groep door de Grüne Polizei opgevangen die hen zonder verdere mededeling naar een gevangenkamp bracht. Ze zeiden dat ze er niets mee te maken hadden dat de Nederlanders door het militaire gezag vrijgelaten waren. Dat betekende niet dat de Nederlanders nu zomaar vrij konden reizen. Het bevel van de Führer tot invrijheidstelling moest 'ordelijk', naar bepaalde regels worden uitgevoerd. Zij zouden wel eens laten zien wat orde was. De groep Lam werd naar een grote zanderige vlakte geleid die volgebouwd was met bruine barakken waar al 20.000 krijgsgevangenen in huisden (PvdB: Het kamp Stalag X11 voor Franse krijgsgevangenen op de St. Petrisberg). De groep kreeg door de kampcommandant een barak toegewezen waar ze kwartier konden maken en ook zorgde hij ervoor dat zij behoorlijk te eten kregen. De groep Lam kon nu niets anders doen dan afwachten, maar niemand had enige notie hoelang dit kon gaan duren. De Nederlanders werden, vergeleken met de andere nationaliteiten, beter behandeld. Ze mochten op bepaalde uren in de kantine verblijven, ze konden hun geld gemakkelijk omwisselen tegen marken en overal werden ze als eerste geholpen, maar toch viel het verblijf hen zwaar. Toen ze na vier dagen nog niets gehoord hadden, verloor aalmoezenier Lam zijn geduld. Hij vroeg aan de commandant of hij naar Berlijn mocht bellen om de pauselijke Nuntius om hulp te vragen om langs diplomatieke weg stappen te ondernemen die tot hun vrijlating zou leiden. De kampcommandant bond in en vroeg of de aalmoezenier nog een dag wilde wachten want dan kreeg hij Wiesbaden aan de telefoon en zou hij nog eens op instructies aandringen. Een dag later konden de Nederlanders per trein naar Maastricht vertrekken.
Bron: Priesters in het veldgrijs, 1945.

Trier - Maastricht, zaterdag 08 juni 1940

Aalmoezenier Lam: 'Op de stations die we passeerden werd er door vriendelijke dames van het Rode Kruis eten en thee aangeboden. Dat ging zo door tot Düren. Daar nodigde de militaire stationscommandant mij uit om in het dorp een borrel te gaan drinken, maar ik vond dat ik dat niet kon maken. Opmerkelijk was dat de reis vanaf Düren veel minder vlot verliep. Steeds werd er gestopt, gerangeerd moesten we wachten. We leken wel vrachtgoed en we zagen niemand meer. 's Avonds kwamen we eindelijk in Maastricht aan, maar daar werd ik een illusie armer. De burgemeester bleek namelijk niet bereid om mijn doodvermoeide, vuile en hongerige mannen te helpen. De Maastrichtse bevolking was gelukkig veel behulpzamer. We werden naar het militaire tehuis gebracht waar we ons konden wassen en goed te eten kregen. De volgende morgen zijn we met zijn allen naar de Sint-Servaaskerk gegaan om de mis te vieren en daarna gingen we met de trein naar huis. Ik was 's avonds 09 juni, op de verjaardag van mijn moeder en precies een maand nadat ik vertrokken was, weer thuis in Deurne. Bron: Nieuwsblad van het Zuiden, 1980.

Helmond, juni 1940

Mevrouw Michiels van de Hurk: 'Ons vader Toon van de Hurk kwam na vier weken weer thuis. Ik herinner me als de dag van gisteren dat hij voor ons stond in zijn militaire pak dat doordrenkt was van geronnen bloed'. Bron: Mevrouw Michiels van de Hurk, zus van luchtwachter Toon van de Hurk, 2010.

Marie van Bussel: 'Als er weer soldaten terugkwamen, ging dat als een lopend vuurtje door Helmond en een paar keer ging het gerucht dat onze Jan er ook bij was. Maar iedere keer was er de teleurstelling als dat niet waar bleek te zijn'. Bron: Marie van Bussel, zus van de gesneuvelde luchtwachter Jean Baptist van Bussel, 2010.

Luchtwachter Jan van Lieshout: 'Boshouwers was gewond en is later thuis gekomen. Ik herinner me nog dat ze bij Boshouwers een telefoontje kregen of ze hem kwamen ophalen. Hij zat ergens op de Mierloseweg en hij durfde niet rechtstreeks naar huis te gaan omdat hij bang was dat ze zouden schrikken'. Bron: interview met luchtwachter Jan van Lieshout, 1985.

Jan Rijniers, zoon van de gesneuvelde luchtwachter Wim Rijniers: 'Hendrik Willems uit de Waardstraat had een scherf in de buurt van zijn nieren gekregen. Die heeft nooit meer kunnen werken. Ik weet nog goed dat ons moeder daar in de oorlog naar toe ging. Ze woonde vlak bij het Binderseind, helemaal vooraan. We gingen daar altijd graag naartoe. Harrie Janssen was familie van Janssen die een café hadden naast de ingang van de Openbare school. Later is daar de Pietje Damen bar ingekomen. Harrie was gewond teruggekomen en trok met zijn been'. Bron: interview met luchtwachter Jan van Lieshout, 1985.

In Memoriam

Lijst van Nederlandse slachtoffers die omkwamen bij het bombardement op het Franse vrachtschip De Pavon in de nacht van 20 op 21 mei 1940 even boven Calais in Frankrijk.

Naam	Geboorteplaats	Graflocatie
01. Baaijen J.E.C.	Bergen op Zoom	-
02. Bogaart A.	Hontenisse	-
03. Bree van L.H.	Helmond	-
04. Brilleman A.	Nieuwer-Amstel	-
05. Broekers G.	Enschede	-
06. Broekers H.	Den Haag	-
07. Bussel van J.	Helmond	-
08. Buiter J.C.	Amsterdam	-
09. Cramers J.J	Grevenbicht	Grevenbicht
10. Damen F.	Middelburg	-
11. Duffelen van T.	Rotterdam	Crooswijk
12. Eijk van P.J.	Asten	-
13. Elk H.	Nijmegen	-
14. Ende C.P.	Bladel	-
15. Faessen J.	Venlo	-
16. Gorp van A.	Loon op Zand	Nes, Ameland
17. Grinwis J.	Helmond	-
18. Hagen v. d. H.	Grave	-
19. Heijster J.	Deurne	-
20. Hendriks W.	Ottersum	Ottersum
21. Hulsinga J.C.	Hof van Delft	-
22. Ierland van P.	Tilburg	Rhenen
23. Janssen W.L.	Helmond	-
24. Jongkind C.	Meerkerk	-
25. Klaasse P.	Dordrecht	-

26. Laan v. d. F.	Nijehaske	-
27. Leenknegt A.	Nijmegen	-
28. Lith van A.C.	Den Bosch	Rhenen
29. Lokker J.	Hoek van Holland	Den Haag
30. Mallens A.	Tilburg	Orry-la-Ville
31. Mante J.M.	Naarden	-
32. Morees F.	Tilburg	-
33. Oliemeulen W.	Berghem	-
34. Oorschot R.	Helmond	-
35. Oorschot G.	Rotterdam	Orry-la-Ville
36. Pera A.	Den Haag	-
37. Prins C.	Naaldwijk	-
38. Rijniers W.A.	Bergen	-
39. Roos N.F.	Rotterdam	-
40. Schenk J.C.	Rotterdam	-
41. Schippers G.	Delft	-
42. Sluis v. d. F.	Emmen	-
43. Tuijn J.	Strijp	-
44. Veen van P.	Delft	-
45. Visser M.	Strijen	Orry-la-Ville
46. Wingerden J.	Zwijndrecht	-
47. Wit de C.W.	Woensel	-
48. Woerd v. d. W.	Rotterdam	-
49. Xhaflaire L.	Aarlanderveen	Orry-la-Ville
50. Zeeuw de B.	Vuren	Oudenhoorn

Herdenkingsplaatsen

Ereveld Orry-la-Ville, Frankrijk

Op 03 mei 1958 vond in Frankrijk de plechtige opening plaats van het ereveld Orry-la-Ville bij Senlis, even ten noorden van Parijs. Het ereveld en het ereportaal werden door de Franse Republiek aan Nederland geschonken. Het Nederlandse ereveld telt 114 graven van Nederlanders die omkwamen in Frankrijk. Verder bevinden zich in het ereportaal nog eens vier gedenkplaten met de namen van 108 Nederlandse slachtoffers. Op twee van deze platen staan ondermeer de namen van de militairen die omkwamen bij De ramp met de Pavon. Bron: Nationaal Comité 4 en 5 mei.

Gedenkplaat 1 (geïdentificeerde slachtoffers)
Deze plaat telt 36 namen waarvan 21 slachtoffers van de Pavon

Gedenkplaat 2 (niet-geïdentificeerde slachtoffers)
Deze plaat telt 18 namen waarvan 17 slachtoffers van de Pavon.

In totaal tellen deze twee platen 38 slachtoffers van de Pavon zonder aanwijsbare graf-locatie.

Van de zeven Helmondse slachtoffers die omkwamen op de Pavon staan Bert van Bree, Ties Grinwis en Willem Janssen genoteerd op gedenkplaat 1. Deze drie slachtoffers konden worden geïdentificeerd en officieel als overleden worden geregistreerd. De vier andere Helmondse slachtoffers: Jean Baptist van Bussel, F. Morees, Ruud van Oorschot en Wim Rijniers, die op de tweede gedenkplaat staan, werden nooit geïdentificeerd en lange tijd als vermist beschouwd. De gewonde Helmondse luchtwachters waren: Piet Berkers, F. Boshouwers, Frans Janssen, Bert van Hout en Hendrik Willems.

Riek van de Berkmortel Grinwis: 'Op een zekere dag kwamen er bij ons twee ambtenaren van de gemeente aan de deur met de mededeling dat ons vader, Ties Grinwis, overleden was. Ons vader heeft samen met Willem Janssen en Bert van Bree een symbolische begrafenis gekregen in de Sint Josephkerk met één kist in het gangpad. Moeder kreeg een klein pensioentje, maar dat was niet genoeg om rond te komen. Ieder dag kregen we aardappelen met pruimen en appelmoes en het sap van de pruimen was de jus'. Bron: Riek van de Berkmortel Grinwis, dochter van de gesneuvelde luchtwachter Ties Grinwis, 2010.

Jan van Bussel: 'Mijn moeder, Anna Corstens, bleef achter met twee kleine kinderen terwijl ze zwanger was een derde kindje. Op 13 november 1940 werd mijn zusje Jeanne geboren. Pas vanaf 1942 kreeg moeder een klein pensioentje van de Landmacht. Moeder was naaister van beroep en daarmee heeft ze het hoofd boven water kunnen houden'. Bron: Jan van Bussel, zoon van de gesneuvelde luchtwachter Jean Baptist van Bussel, 2010.

Het bronzen beeld 'De Vallende Man' op het ereveld Orry-la-Ville is een ontwerp van de Rotterdamse kunstenaar Cor van Kralingen (1908-1977). Op de sokkel staat de tekst: Ter nagedachtenis aan de Nederlandse oorlogsslachtoffers 1940-1945. Het beeld is twee meter hoog en staat symbool voor allen die zich tijdens de Tweede Wereldoorlog hebben ingezet om Nederland te bevrijden en daarbij zijn gesneuveld, doodgeschoten, gefusilleerd, omgebracht of anderszins zijn overleden in een van de concentratiekampen. Het staat ook voor hen die omkwamen door oorlogshandelingen; ten gevolge van gevechten, beschietingen en bombardementen.

Adres: Route Nationale, nummer 17
Orry-la-Ville (Senlis)
Dépt. Oise, Frankrijk.

Gedachteniskapel Sint Jozef, Helmond

De Sint Jozefkapel in Helmond werd in 1948, in samenwerking met zijn broer Nico van der Laan (1908-1986), gebouwd door de Benedictijnenmonnik en architect Dom Hans van der Laan (1904-1991) als monument voor de Helmondse oorlogsslachtoffers in de periode 1939-1950. De kapel stond in de bossen bij de brug over de Aa in het verlengde van de Geysendorferstraat aan het begin van de Straakvense Heideweg. Het kapelletje werd in 1982 afgebroken voor de aanleg van de nieuwe Zuid-Willemsvaart. In 1995 werd de kapel herbouwd in het Hortensiapark aan de Hortensialaan in Helmond. In de kapel worden de namen van de zeven Helmondse luchtwachters die sneuvelden bij De ramp met de Pavon op plaquettes genoemd.

Monument Brabantse gesneuvelden, Waalre

Het Monument voor Brabantse gesneuvelden bevindt zich in het Willibrorduskerkje in Waalre. Op houten rouwborden worden alle namen genoemd van gesneuvelde militairen en verzetsstrijders gedurende de Tweede Wereldoorlog waaronder de zeven Helmondse luchtwachters die omkwamen bij De ramp met de Pavon.

Oude Willibrorduskerk Waalre
Torenstraat 2
5581 BJ Waalre

Gedenkplaat Les Hemmes de Marck, Frankrijk

Op een gedenkplaat, die bevestigd is aan het kerkje in Les Hemmes de Marck, Frankrijk, staat de volgende tekst geschreven:

20-21 mei 1940 - Nederlandse soldaten, overlevenden van het bombardement op het schip Pavon, herdenken hier de strijdmakkers die toen hun leven verloren voor onze vrijheid van heden. Het Nederlandse volk sluit zich voor altijd bij hen aan en dankt het Franse volk voor hun gastvrijheid.

Monument Militair Ereveld Grebbeberg, Rhenen

Op donderdag 21 april 2005 is er een nieuw monument onthuld op het Militair Ereveld op de Grebbeberg. Het monument is opgericht als eerbetoon aan de 138 militairen die in mei 1940 sneuvelden en die geen aanwijsbare graflocatie hebben. Onder de genoemde 138 namen bevinden zich de 38 namen van de slachtoffers van De ramp met de Pavon.

Militair Ereveld Grebbeberg
Grebbeweg 123
3911 AV Rhenen

Bronnen

Artikelen

Helmondse Courant, 1949

In de Helmondse Courant van woensdag 13 juli 1949 verschenen drie artikelen naar aanleiding van de uitreiking van het Oorlogsherinneringskruis aan vrijwilligers van de Luchtwachtkorpsen Noord-Brabant en Limburg.

Artikel 1: De Luchtwachtdienst stond Pal, eervolle herdenking in Helmond.
Artikel 2: De Tragedie van de Pavon, een nacht van dood en verschrikking.
Artikel 3: Militaire parade te Helmond, Brabantse en Limburgse luchtwachters onder scheiden.

Nieuwsblad van het Zuiden, 1980

Artikel in het Nieuwsblad van het Zuiden op zaterdag 17 mei 1980. Titel: Ramp met de Pavon kostte 60 Nederlanders het leven. Interview met de getuigen pastoor M.D. Lam en J. Swinkels.

Toen op 28 augustus 1939 in Nederland de algehele mobilisatie begon, werd Matheus Dominicus Lam (1909-1981), kapelaan van de Willibrordusparochie in Deurne, hulpaalmoezenier en lid van de staf van het in Deurne gelegerde 27e Regiment Infanterie. Het 27e RI, dat belast was met de verdediging van Vak Bakel van de Peel-Raamstelling, was vanaf april 1939 in Deurne gelegerd en had haar hoofdkwartier in villa De Romeijn. Commandant van Vak Bakel was de reserve luitenant-kolonel F.N.F. van der Schrieck. Na de aftocht uit de Peel-Raamstelling op 11 mei 1940 werd hulpaalmoezenier Lam, na omzwervingen door Noord-Brabant, Zeeland en België, op 21 mei 1940 in Duinkerken ingescheept op het vrachtschip Pavon.

Op 9 augustus 1940 werd Lam benoemd als kapelaan van de Onze-Lieve-Vrouwekerk in Helmond. Daarnaast bleef hij tot 17 april 1948 werkzaam als legeraalmoezenier. Op 24 juni 1955 werd hij benoemd als pastoor in Waalwijk waar hem per 1 december 1980 eervol ontslag werd verleend. Zijn emeritaat duurde slechts drie maanden. Op 22 maart 1981 overleed hij als gevolg van een verkeersongeluk. Kapelaan Lam werd in 1947 onderscheiden met het Kruis van Verdienste. Bron: http://www.deurnewiki.nl

Boeken

Gedenkboek voor de Vrijwillige Landstormkorpsen Luchtwachtdienst en Luchtafweerdienst.
Samenstelling: C.A. de Bruijn en A.C. Verschoor
Tekst: A.C. Verschoor
Bandontwerp en tekeningen F.J.H. Smits
Druk van A. W. Sijthoff's uitgeversmij N.V. Leiden, 1949

Priesters in het Veldgrijs
Hans Hermans, in samenwerking met majoor H.J. J.M. van Straelen
Uitgeverij Paul Brand Bussum, 1945

Helmond 1940-1945.
Een geschiedenis van de stad tijdens de jaren van de bezetting.
Drs. J. Bartholomeus
ISBN 90 288 5077 5
Europese bibliotheek Zaltbommel, 1977

Zeeland 1940-1945
L. W. de Bree
'Zeeland 1940-1945' Deel 1 De Boer, Middelburg, uitgevers 1979

Nederlandse Generale Stafwerk over de Tweede Wereldoorlog
De strijd in Zeeland, mei 1940.
Bladzijde 153 t/m 156: De schipbreuk van het stoomschip Pavon.
Kamerling, 's-Gravenhage 1954.

Nederlandse Generale Stafwerk over de Tweede Wereldoorlog
De verdediging van Noord-Limburg en Noord-Brabant mei 1940
Kamerling, Wilson, 's-Gravenhage ,1952.

Nederlandse Generale Stafwerk over de Tweede Wereldoorlog
De krijgsverrichtingen in Zuid-Limburg mei 1940
Nierstrasz, Wilson, 's-Gravenhage ,1953.

Calais 1939-1940
Robert Chaussois, 1974.
Vertaling van het hoofdstuk: Deux bombes sur le Pavon. Bladzijde 87 t/m 91 door Rijniers.

Dagboeken

Het relaas van Jan van den Broek
In 1940 als soldaat van het Grensbataljon Jagers, gelegerd in Noord-Brabant en op 20 mei 1940 ingescheept op het vrachtschip Pavon. Bron: Pavonbundel 1 samengesteld door een werkgroep onder leiding van de heer Cor Peters uit Liempde.

Oorlogsherinneringen van Jan van der Pol
In 1940 als soldaat van het 11e Grensbataljon gelegerd in Grave, het noordelijkste punt van de Peel-Raamstelling en op 20 mei 1940 ingescheept op het vrachtschip Pavon. Bron: W. van der Pol.

Dagboek van Hendrik Sterrenberg
In 1940 als soldaat van het Eerste Grensbataljon Jagers (1eGBJ) gelegen in de Koning Willem II kazerne te Tilburg. Stellingen: Goirle, Riel, Alphen en broekhoven in Noord-Brabant en op 20 mei 1940 ingescheept op het vrachtschip Pavon. Bron: Pavonbundel 1 samengesteld door een werkgroep onder leiding van de heer Cor Peters uit Liempde.

Dagboek van Wim van Loenhout
Wilhelmus Jacobus van Loenhout * Bergen op Zoom 1919 - + Deurne 1962
Soldaat van het 27e Regiment Infanterie. Vak Bakel, kazemat Ysselsteyn.
Commandopost villa De Romeijn in Deurne. Bron: Heemkundekring H.N. Ouwerling Deurne.

Interviews

Interview van Niek Rijniers, Wim Rijniers en Ton van Lith met pastoor Kuilboer dat plaatsvond in Hemmes de Marck, Frankrijk op 06 augustus 1984.

Interview van Ton van Lith met pastoor Kuilboer dat plaatsvond in Hemmes de Marck, Frankrijk op 06 augustus 1984.

Interview van Niek Rijniers en Wim Rijniers met Vrijwilig Luchtwachter Jan van Lieshout. Helmond, 14 oktober 1985.

Interviews van Pieter van den Berg met:
Anita van Bussel, Gemert 2010
Jan van Bussel, Helmond 2010
Marie van den Berg van Bussel, Helmond 2010
Henk van Lieshout, Helmond 2010
Riek van de Berkmortel-Grinwis, Helmond 2010
Niek Rijniers, Baarle-Nassau 2010
Fer Boshouwers, Nijmegen, 2010

Nationaal Archief

Verslag van het onderzoek naar het bombardement op het Franse vrachtschip door het Ministerie van Oorlog, maart 1943. NL-HaNA, Defensie/Gewoon en Geheim Verbaalarchief, 2.13.151, inventarisnummer 6024.

Verhoor van dokter W. Stevens inzake het onderzoek naar de ramp met het Franse stoomschip Pavon. 's-Gravenhage, 14 augustus 1940.

Verhoor van Cornelis Bernardus van Dam inzake de Pavon: 's-Gravenhage 14 oktober 1940.

Voorlopig rapport inzake de ramp met het Franse stoomschip Pavon in de nacht van 20 op 21 mei 1940 onder de Franse kust bij Calais onder leiding van S. Vaz Dias. Den Haag, 19 november 1940.

Rapport van Ministerie van Oorlog uit 1943 inzake het onderzoek naar de ramp ramp met het Franse stoomschip Pavon met als werktitel: De Strijd in Zeeland alsmede de lotgevallen van de Nederlandse troepen in België en Frankrijk. Onderdeel B: De lotgevallen van de Nederlandse troepen in België en Frankrijk. Hoofdstuk II: Het bombardement op het Franse vrachtschip Pavon. 's-Gravenhage, 3 maart 1943. Bewerkt door de kapitein van de Generale staf: A.F.J. Penders onder eindverantwoordelijkheid van waarnemend generaal D.A. van Hilten.

Nationaal Archief
Prins Willem Alexanderhof 20
2595 BE Den Haag
http://www.nationaalarchief.nl

Nederlands Instituut voor Militaire Historie
Ministerie van Defensie
Plein 42511 CR Den Haag

www.ingramcontent.com/pod-product-compliance
Ingram Content Group UK Ltd.
Pitfield, Milton Keynes, MK11 3LW, UK
UKHW020236250726
13967UKWH00001B/393

9 781471 762574